結局、人の悩みは人間関係

林 伸次
Shinji Hayashi

産業編集センター

はじめに

あなたはバーって行ったことありますか?

都会の繁華街から少し離れたところにあって、ちょっと開けづらい重たい扉で、中は暗くて、でもしっかりとお客さんは入ってて、大人がなんだかみんな楽しそうにグラスを傾けていて、恋や仕事や夢なんかについて語り合っている、そんなバー、世界中どんな都会にもあると思うのですが、あなたはそんな世界を知っていますか?


僕は東京の渋谷という街で、bar bossaというボサノヴァのアナログレコードをかけるワインバーを二五年間やっています。

お店には、いろんな方がいらっしゃいます。bar bossaには一ヶ月に五〇〇人くらい来店するので、これまでに延べ一五万人、常連さんやリピーターさんもいらっしゃるのでそれを考えると、一〇万人近くの方たちに、「いらっしゃいませ」と言って、好みをお聞きして、お酒を出して、気持ちよく酔っ払っていただいて、その方たちの恋や仕事や夢の話なんかを毎晩毎晩聞いてきたというわけです。

二五年間、毎晩毎晩、これまでに一〇万人のお客様が僕のお店の席について、酔って、それぞれの人生の物語を聞かせてくれたのですが、実は僕だけが酔っていません。不思議な光景だと思いませんか？

渋谷というと若者の街というイメージかもしれませんが、実はNHKがある街でして、そのNHKの中で毎日二万人が働いていて、局員やアルバイト以外にも、業者など出入りしている人が毎日二万人いるといわれています。その中には、ミュージシャンや俳優さんもいれば、服飾関係者や翻訳家なんかもいます。渋谷に映画館やCDレコード店がたくさんあるのは、その人たちが利用していて、新しい文化が好きな若者たちがそこに集まってきたからなんです。

僕は若い頃からずっと作家志望だったのですが、小説を何度も何度も書き始めては行き詰まるというのを繰り返してきました。

そんなくせして、今の妻と付き合ってもらうために、一ヶ月間、毎日ラブレターを渡しまして、そのラブレターの中で、「僕はいずれすごい作家になるから、あなたが僕と一緒になれば、あなたは僕の本の印税が入ってくる通帳の数字を眺めるだけの生活ですみます」って豪語したんですね。

それでとりあえず、妻とこのバーを始めて、僕はバーをやりながら書こうと思っていたのですが、全然文章なんて書けないんです。

でも妻は僕のラブレターのことを覚えてくれていて、三年に一度くらい「すごい作家になるんじゃなかったの。文章なんて全然書いてないじゃない」って僕のお尻を叩くんです。


転機がきたのはリーマンショック後の東日本大震災のときです。覚えていますか、都会の夜は真っ暗で、バーで飲む人が激減したんです。それでなんでもいいからやり始めなきゃと思って、当時始まったFacebookの店舗アカウントのサービスで、毎日いろんな文章を書いて投稿し始めました。

最初のうちはワインや音楽のことを書いていたのですが、「いいね」が全然つかなくて、途中から恋愛や人間関係のことを書き始めたらすごく反響があって、書籍の出版の話なんかもいただきました。

bar bossaの二〇年来の常連で加藤貞顕さんという方がいまして、その方、最初は出版社の編集者だったのですが、途中から独立して、ｃａｋｅｓという当時は珍しかったインターネット上のサブスクの記事配信サイトを始めたのです。ある日、加藤さんが「林さん、ｃａｋｅｓで連載しませんか?」って言ってくれたんです。

ちょうどその時期はバーの売り上げが落ちてすごく困っていたので、助かったと思いました。ちなみにｃａｋｅｓはＰＶ数で原稿料が変わるので、当初は「どうやったら読まれるのだろう」ということばかり考えて原稿を書いていました。

そんなｃａｋｅｓが先日終了しまして、僕はそのままｃａｋｅｓの姉妹サイトのｎｏｔｅというところで執筆を続けているのですが、この本はｃａｋｅｓの連載の最後の方の記事に、書き下ろし原稿を加えてまとめたものになります。

テーマはずばり、「人間関係」です。僕たちは嫉妬したり、嫌な人に出会ったり、誰かに嫌われたり、喧嘩したり、好きになったり、恋に落ちたり、うまくいったかと思えば、また泥沼にはまったりと、全ての悩みは人間関係に由来するものですよね。

一〇万人の酔ったお客様たちからたっぷりと教えてもらったことや、渋谷の夜の街を歩いて感じたことなんかを文章にしています。

あなたがこの文章を読んで、「そうかあ嫉妬ってみんなしているんだなあ。でもこういう風に考えれば、ちょっとは楽になれるのかもなあ」とか、「よし、自分も人の悪口をやめてみるぞ。自分の人生、うまくいくかもしれない」と感じてくれると嬉しいです。

それでは僕の本の扉を開けて、ゆっくりと楽しんでいってください。

結局、人の悩みは人間関係

目次

第二章

我が振り直せ？自分自身について

第三章

いつだって厄介。恋や愛について

第一章

できればうまくやりたい。コミュニケーションについて

初対面の人との会話を盛り上げる方法

「面白い話をして」と言われてもどう答えれば

僕のｎｏｔｅに、たぶん同業の方だと思うんですが、「お客様から何か面白い話をしてと言われたのですが、どう対応すればいいのでしょうか？」という質問が届きました。バーに行かない方はどういう状況なのかよくわからないですよね。僕、修業時代もいれたら二六年もバーテンダーの仕事をしているのですが、この、お客様から「面白い話をして」は、しょっちゅう言われるんですね。

最初に言われたときのことは今でも覚えています。バーテンダー修行を始めた頃で、「なんか面白い話して」という言葉を聞いたとき、「ああ、そうか。真夜中にこういうバーで、バーテンダーに何か面白い話を聞かせてっていう人たちがいるんだ」と思って、びっくりしました。そしたら僕の師匠が、「おまえ、面白い話くらい用意しておけ」って助言してくれたので、意識的に「面白い話」をストックするようになりました。

例えば、「僕の友達でコンビニでバイトしている奴がいるんですけど、コンビニ店員って自動ドアが開いたら、反射的に『いらっしゃいませ』って言うようになるらしいんですね。そいつとこの間、山手線に乗っていて、電車が渋谷についてドアが開いたら、そいつ『いらっしゃいませ』って思わず言ってしまったんです」って感じの軽く笑える話を、いろいろと用意しておきました。

でもやっぱり、みなさんお酒が入っているので「性愛ネタ」が一番受けるんですよね。もちろん性愛に関する話は相手を選びますが、だいたいは聞いてくれたお客様が「じゃあ俺が聞いた話なんだけど」って話を引き継いでくれるので楽です。僕の場合は、人に聞いたり、本で読んだりした話を一生懸命ストックしていたのですが、当時そのバーにいた渋谷の宮益坂でナンパをするのが日課というすごくイケメンのバーテンダーが、毎回「こんな風にナンパしたら、こんな展開になった」というネタを披露していて、「すごいなあ」と羨ましく思ったのを覚えています。

ちなみに、ナンパは「とにかく立ち止まってもらう」っていうのが難しくて、いろんな「かけ言葉」を研究したそうです。彼が言うには、一番止まってくれるのは「すいません。あんまんと肉まんどっちが好きですか？」っていうフレーズで、「なるほど。そういうのって現場でしかわからないなあ」と感心しました。

盛り上がるのはこんな話題

あるいは、バーでは「金額ネタ」も受けます。例えば、僕の友人の飲食店に、当時話題沸騰中の芸能人が来店したときの話です。その人が帰った後すぐに週刊誌の記者が来て、「さっき、あの人がどんな会話をしていたか教えてくれたら○万円差し上げます」って提案されたのですが、さていくらでしょう？っていうような話題は確実に盛り上がります（ちなみにその友人はもちろん断ったそうです）。

バーテンダーではありませんが、常連のお客様でとても綺麗な女性がいらっしゃるのですが、その方は「以前ＡＶに出ないかと誘われたのだけど、そのとき提示された出演料はいくらでしょう？」っていう話題が必殺技で、その場にいる男性も女性も百発百中で盛り上がっていました。

あとはむしろ、こちらから質問をしたほうが盛り上がることが多いですよね。飲食店などのサービス業をしている人には、「今までで一番困ったことって何ですか？」って聞くと、みんなすごく面白い話を教えてくれます。フリーライター、編集者、デザイナーのような、フリーランスの人には、「今までで一番悔しかったことって何ですか？」って聞くと、みんな「聞いてください、林さん」って、すごく面白い話を教えてくれます。その人の職業の特性に合わせた質問が効くみたいです。

あと、僕は意識的に、「街で流行っているもの」の情報を集めています。例えばコロナの前ですが、渋谷では「路上飲み」が流行り始めていたのをご存じでしょうか？　他にも、渋谷でクリスマスにサンタの仮装をした男性グループが、同じように仮装をした女性グループに声をかけるっていうのが流行ってたりしました。こういう街の流行を意識的にチェックして、ネタとしてカウンターで披露しています。

僕はどちらかといえば、「お客様に話してもらって、それを聞く」というスタイルですが、カウンターのお客様同士が話していて、イマヒトツ会話がかみあわなくて、どうしても僕から何か新しい話題を提供しなくてはいけない状況になることもあって、そんなときのために、意識的に「何か面白い話」を集めているわけです。

バーテンダーに限らず、会話の仕方や盛り上げ方に悩んでいる人は多いと思うので、もし参考になれば嬉しいです。

「女性の会話は共感してほしいだけ」の真実

話の合う男性とはどういう人か？

いろんな雑誌やウェブの記事、カウンターでの会話などで、女性にどういう男性が好きなのかや、婚活での体験談などをいろいろ聞いていると、とにかく「話が合う男性が好き」「会話が面白くない男性は嫌だ」って言うんですね。

で、「会話が面白い人ってどういう人ですか？」とか「会話が合うってどういう状態ですか？」って、できるだけ具体的に聞いてみることにしているんです。というのは、どうやらそこさえクリアすれば、「恋愛成立」ということが多いからなんです。日本の婚活問題の多くが解決しそうなんです。

まず、女性からの意見でよく聞くのは、有名なあの「共感してほしい」です。例えば、女性が「会社でこんな嫌なことがあって」と男性に相談すると、男性が「それはおかしいよ。だったらあなたは会社に対してこういう風に抗議してこういう風に改善すべきだと思う」と答えるパターンがあります。

それはまあそうなんだけど、女性としては「解決策」を知りたいのではなくて、「なるほどね。そういうことあるよね。大変だよね」と共感してほしいという説です。こういうの、多くの「男女の違い」というような本に書いてありますよね。

もちろん、性はグラデーションなので男性女性とははっきり二つに分かれているのではなくて、限りなく男性に近い女性もいれば、限りなく女性に近い男性もいます。主語を大きくして「女性はこうだ」と決めつけるのはよくありません。ただ、この「共感してほしい」説に対して思っていることがあるのであえて書きます。実はこの会話のすれ違いって、男性がよくやりがちな「自分の話に持ち込むパターン」が原因なんじゃないかということです。

例えば、海外からの旅行者と話すことになったとき、自分が知っているその国の話をしてしまいませんか？　「あの歌手のCD持ってるよ」とか「○○料理美味しいよね」とか「友達に○○人夫婦がいるよ」って感じで、自分では相手のことを気遣って話しているつもりなのですが、それって基本的に「自分の話」なので、話題がどこにも広がらないし、面白くないんです。相手も「そうだね」としか答えられません。

でも、会話が上手な海外の人と話すと、例えば、「日本語って、チャイニーズ・キャラクター（漢字）使ってるよね。他にも何か文字があるの？」って感じの質問をしてくるんですね。そしたらこちらとしては、「ひらがなとカタカナっていう、二種類の文字がありますよ。それを交ぜて使ってます」って答えると、「それ、すごく難しいんじゃない。どうして一つだけの文字にしないの？」ってなって、会話が発展していきます（もちろん会話が苦手な海外の方もすごく多いです）。

会話を自分の土俵に持ち込もうとしてしまう男性

あるいは、僕が「バーを経営しているんです」って言ったとしますよね。そしたら、自分の話をしてしまう人は、「『レモン・ハート』っていうバーのマンガ、よく読んでたなあ」とか、「昔銀座のバーって、行ってみたら、二杯しか飲んでないのに八〇〇〇円で……」って感じで、自分が持っているバーに関する話をするんです。

それだと「ああ、そのマンガ、面白いですよね」とか「銀座ってそういうものなんですよね」って、僕が話を合わせて、そこで会話が止まってしまいます。ところが会話が上手な人だと、「すいません、バーってめったに行ったことないんですけど、どういう層の方が利用するんですか？」って感じで、僕に向かって質問してくるんですね。

それなら「マスコミ関係者とか、今、業績が良い業界の人とか、あとはカップルとか、口説きたい人ですかね」って答えたりできるし、「やっぱりバーってカップルの需要が多いんですか。口説けるものなんですか？」みたいな感じで、いろんな方向に話を展開できます。

で、本当に申し訳ないのですが、自分の話をする人はやっぱり男性に多いのです。意図しているわけではなく、「会話を自分の土俵に持ち込む」っていうパターンにしてしまいがちです。

例えば、複数人で「映画の話をしましょう」というテーマがあったら、やっぱり多くの男性は、「自分が詳しいジャンルの映画の話」に持ち込もうとします。そして、その場の話題が、例えば「自分がよく知らないSF映画の話題」で盛り上がっていると、つまらなそうにしたり、話題を変えようとしたりします。

想像ですが、男性は多くの場合に会話で「感心されたい」「すごく詳しいんだなあと思われたい」っていう気持ちが働くのではって思うんです。もちろん人によりますが、男性はどうしても「どちらが上か下か」というのを気にするんですよね。

「共感」はむしろ逆です。よくよく考えれば会話に共感をするって、相手の土俵に乗るということで、普通のことですよね。少なくとも「どちらが上か下か」よりもよっぽど健全です。でもそれを理解できない男性が、「女性の会話は共感を求めているだけ」と揶揄しているだけなのではないでしょうか。

ともかく、「この人とは会話が合う」と思われるには、「会話を自分の土俵に持ち込まない」というのを常に心がけることが大切です。「相手の土俵で話そう」と考えるのが大切なようです。

世の中に浸透してほしい会話のルール

相手のプライベートな話をどこまで聞くか

以前、ヨーロッパ滞在が長かった日本人男性が、会話の中である人物のことを話し始めたときのこと。話題上、僕が人間関係を把握したくて、「その人って何歳ですか？」って聞いたところ、「いや、わからないです。僕、人に年齢を聞く習慣がないもので」って答えられて、「あ、そうか。年齢を知りたいって日本人特有の発想なんだな」と反省しました。

僕たち日本人はほんと「年齢」を知りたがりますよね。テレビや新聞を見ていても、名前の後に（34）みたいに必ず年齢が書いてあります。韓国でもそういうことがあると聞くので、やっぱり年齢が上の人間を敬わなくてはいけないという儒教と関係あるのでしょうか。

ブラジル人って必ず「はじめまして」のときに、相手の「家族構成」を質問するんです。結婚しているのか、独身なのか、子供はいるのか、両親は健在なのかって一通り質問するんです。あれ、結構面食らうんです。

例えば、ブラジル人とよく会話をしていた当時、僕が「恋人はいて、その彼女は娘がいて」って言うと、「彼女とは結婚しないの？」ってすぐに聞くんです。でも、ブラジル人は「家族が全て」だから、それを質問するのって当然だと思ってるんです。

こういう「その人のプライベートな情報の何が知りたいか」って国や時代や文化によって違いますよね。それで、やっぱり日本人は「どの組織に所属しているのか」っていうことに、すごく興味があるんだと思います。

何かで読んだのですが、アメリカ人は仕事を質問されたら「職種」を答えるんですよね。会話の中で「トヨタで働いています」って日本人が言うと、アメリカ人は「トヨタの工場のラインで働いている」と思うそうです。

だから、アマゾンで働いているとか、東急で働いているとかって言わずに、「デザイナーをやっている」とか「広報をしている」とかって職種を言う必要があるそうです。まあ僕たち日本人は、「どこに属しているか」という会社名をどうしても重視してしまうんでしょうね。

誤解を生まない会話

でも実際、バーでお客様を見ていて、「会社名」が出ると、話題がつまらなくなるときがよくあるんです。例えば、よくある会話で、「お仕事何をされてるんですか？」「テレビ関係です」「どのテレビ局ですか？」「NHKです」となってしまうと、ほとんどの方が、紅白歌合戦とか大河ドラマとかの話題をそのNHKの方にしてしまうんですね。

もちろんNHKの方も慣れているとは思うのですが、まあほとんどの人が紅白や大河とは関係ない仕事をしていますよね。そういう人はこの話題に全く興味がなかったりしますよね。でも、しばらく紅白の話をしなきゃいけないというパターンがあるんです。

こういうことってよくあるんです。Googleで働いているって言ったら、検索機能の話題をふられると思うのですが、日本でGoogleに勤めている人のほとんどが「検索機能」とは関係ない仕事をしていますよね。でも、「検索で上にいくには」って会話を毎回ふられて、「それはですね」みたいな話をしているはずなんです。

そういうことが嫌なのかどうなのか、「自分が勤めている会社名を言いたくない」っていう人が結構いるようなんですね。まあメーカー勤務の人ならしばらくの間、自分の仕事とは関係ない「みんなが知っている商品やCMの話」をしなければいけないのが退屈なのかもしれません。

そういうことを避けるという意味では、「トヨタで働いています」よりも「自動車メーカーで人事をやっています」って答えたほうが、話はズレないですよね。「人事の大変なところってどういうところですか？」とか、「特別な技術を持った人を作らずに、営業も商品開発も全部やれる人間を作ろうとする日本の会社の習慣ってまだあるんですか？」とかいろいろ話題は深くなります。

なんでも「アメリカのほうがいい」というのはあまり好きではありませんが、やっぱり所属している会社名を言うよりも、自分がやっている職業を言うほうが、話題もトンチンカンなことにならないし、お互い深い話ができますね。

今、世の中がどんどん変化している時代です。日本のメディアの名前の後ろにカッコで年齢が入っているあれも、そろそろなくなるかもしれません。ブラジル人が家族構成を質問するのも、もしかしたら今は変わっているかもしれません。日本だと「結婚しているの？」とか「恋人いるの？」とかは公共の場では聞かなくなりましたよね。

妻の友達で、そういうプライベートなことは一切質問しない女性がいるそうなんです。でも彼女、妻が「娘がいる」って言ったら、そこで初めて娘について話すし、妻が「両親が」って言ったら、そこで初めて「両親」の話をし始めるそうなんです。たぶん、彼女の中で、「プライベートな話題は相手が話したがっているのがわかったら、その話題に踏み込む」って決めているのでしょう。

これ、ルール化したいですよね。会社名、未婚・既婚、恋愛、年齢、相手みたいな話題は、相手がしたそうだったらし始めるっていうルールが一番ですよね。

SNSで悪口を言われたら

バーテンダーのトラブル回避術

バーテンダーという仕事を毎日していると、どうしても「トラブル回避」っていうのが必要になります。例えば、「この方は酔っ払ったら人の悪口を言い始めるんだ。周りに関係者がいないかチェックしなきゃ」ってことや、「酔っ払ったら相手の意見をまず否定するところから会話が始まるんだ。この方は隣のお客様には紹介できないなあ」ってことを思ったりするというわけです。

それでどうしても、ついつい普段から、「あ、この人、いずれトラブルを起こすかもしれない」って、僕の心の中で危険信号を感じてしまうようなことがあります。

例えば、「この占い師のことは本当に信じているんです。もう大好きで大好きで著書は全部読んだし、SNSも全部に『いいね』をしているし、たまに私のコメントに返事をくれたら嬉しくて嬉しくて」みたいな話を聞くとしますよね。

誰か特定の人に夢中になって、大好きすぎてほぼ信仰状態になる人を見ると、「あ、この方とは距離を置かなきゃ」って感じてしまうんです。

誰かを好きになるってすごく良いことだとは思うんですね。でも盲目的になりすぎる人って、ちょっとでもその好きな人が嫌なことをしたり、自分のコメントを無視したりすると、「大嫌い！」にひっくり返ったりするんです。

よく言われることですが、「アンチって実は大ファン」なんですね。普通は、嫌いなところがあればその人には近づかないようにするし、できるだけ無視しますよね。でも気になってわざわざそこに「反論」を言いにいくって、実はその人にすごく興味があるということですよね。

そこまでする人って、相手のことを「実は元々は好きだった」ってことがよくありまして、最初のうちは好意を持っていたのに、何か嫌なことがあって突然アンチになったりするんです。

あなたの周りにもいませんか？　最初は仲良くいろんなメッセージを送ってきたり、食事なんかも誘ってきたりしたのに、ちょっとしたきっかけで、突然「大嫌い」に変化した友達。僕、ｎｏｔｅという文章や写真などが配信できるウェブサイトのアカウントで質問を受けつけているのですが、よくある質問に、「ＳＮＳで変なコメントやリプライに困っている」というものがあるんですね。

変なコメントやリプライをする人って、その相手のことがすごく気になっているんです。ほんとに不快だったらまず近づかないんですね。でもたまに、なんとかして文句をつけてやろうとしてＳＮＳをフォローする人っているんです。

アンチがつき始めたら人気が出た証拠

そしてこれは、慰めでもなんでもなく、「アンチがつき始めるということは、その人はみんなが気になるような投稿をしている。たくさんのファンがつき始めている証拠」なんです。でもそうですよね。つまらないなんでもないような投稿しかしない人は、全ての人が「無視」するはずです。

「変なコメントやリプライ」がつき始めるということは、多くの人が注目し始めている、たくさんの人に届き始めているという証拠なんです。だから逆に、反論や変なコメントやリプライが届き始めたら、「よし。注目され始めたぞ」って思うべき、というわけです。

アマゾンの評価や飲食店評価のサイトでも、「良い評価の中に、すごく悪い評価が見られる」という現象は、想定していなかったお客様に届き始めているという証拠です。自分でお店をやったり本を出したりして思うのは、全ての人に楽しんでもらえるって不可能だということです。悪い評価にがっかりするのではなく、ああ、すごく広がり始めたなと感じたほうがいいのかもですよね。

そして、コラムニストのジェーン・スーさんが発言していたのですが、外見のことを言及され始めると次のフェーズに入った証拠、だそうです。確かに、例えば政治家も、総理大臣になった途端に服装のことや顔や髪型のことをあれこれと言われ始めますよね。

有名人も、劣化したとか太ったとかってネットで言われますが、それって「以前はどういうルックスだったか」っていうのが認知されている証拠です。見た目について言及されているのを見かけると、本当に嫌な気持ちになりますが、見た目のことをあれこれネットで言われるようになったということは、ついに大物になったという意味なのでしょう。

インターネットは、良くも悪くも全ての意見がその人に届いてしまう場所です。あれこれ言われるの、もちろんすごく嫌ですが、こういう見方をしてみるのはいかがでしょうか。

「エビデンスは？」と聞く人

引用元を書いても飛んでくる「エビデンスは？」

以前、僕が読んだ本に、「飲酒の習慣がある人の収入は、飲まない人の収入を一〇パーセント上回っている」という話が書いてありました。また、「少なくとも月に一度酒場に行く人（お酒の付き合いがある人）は、単に飲酒の習慣だけがある人の収入をさらに七パーセント上回る」ということまで書いてあったんです。

それで僕、この話を、書いてあった本の書名も付けてTwitterに書き込みました。そうしたら、すごくたくさんリツイートされたんですね。すごくシェアされた結果、たくさんの人の目に届いたのですが、そうなってくるといろいろな人からの反応が届くんですね。そのとき一番多かったのは、「エビデンスは？」というリプライでした。

先程書きましたが、僕はそのツイートの最後に「『○○○○』より」って書名を書いておいたんです。これは僕の調査ではなくこの書物からの引用ですよ、ってことを示しているのに、「エビデンスは？」と言われるんです。もちろんその本に書いてあることが事実かまではわかりません。でも、この「エビデンスは？」と突っ込んできた人たちのほとんどは、ツイートをちゃんと最後まで見ていないのではないかなと思いました。

この「エビデンスは？」っていう突っ込み、流行っていますよね。これ、やっぱりフェイクニュースが社会的に問題になっているのと、『ファクトフルネス』のような本が流行して、「ちゃんとデータを見てから考えようよ」ということをみんな意識するようになったからでしょうか。

エビデンスはすごく大事だけど……

以前、落語の世界でよく言われる「実力の定義」の話を書いたことがあります。噺家が、誰か別の噺家の落語を聞いて、「自分と同じくらい上手いなあ」と思ったら、その噺家は自分よりも数段上手い人。「うわー、この噺家、すごく上手いなあ」と感じたら、その噺家ははるか雲の上のそうとう上手い人。「この噺家、下手だなあ」と感じたら、その噺家は自分と同じレベルの人だそうなんです。

ちょっといい話ですよね。みんな自分の能力をついつい過大評価してしまうけど、謙虚に真摯に誠実に稽古して上手くなろう、という「上の人たちから伝わるアドバイス」です。でも、この話を書いたときも、「そのエビデンスは？」っていう突っ込みが飛んできたんです。

ええと、これは昔から落語の世界で伝えられてきた「教訓」なんです。自分の能力を過信しちゃいけないっていう「戒め」なんです。人ってそういうものだよっていう「たとえ話」なんです。それに対して、「エビデンスはあるのか？」って言われると、桃太郎は桃から生まれたって話をしても「エビデンスは？」と言われそうですね。

実は僕、脇が甘いらしくて、この手の「エビデンスは？」っていうのでしょっちゅう突っ込まれます。例えば仕事柄、「今、○○が流行っています」「△△は流行らなくなってきましたね」っていう文章をよく書くんですね。この「流行っている」「流行っていない」っていう言葉が嫌いな人たちってすごくたくさんいるんです。

その理由は、「自分が好きなものを、流行っているとか流行っていないとかという価値観で測らないでほしい」ということのようです。その気持ち、わかりますよね。若い頃からずっと腕時計が好きでこだわり抜いてきた人が、突然誰かに「腕時計お好きなんですね。今流行ってますよね」とか「最近腕時計って流行らないですよね」なんて言われたらきっとカチンときます。

その感覚もわかるのですが、僕は「流行」を分析することでわかる世の中っていうのもあると思っているので、ついつい「流行っている」「流行っていない」ということを書いてしまうんです。そのたびに「エビデンスは？」って突っ込みが飛んでくるんですが、街なかでよく見かけるようになったものを「流行っている」と書いたときに、統計的な根拠なんてないので、どう返事していいのか困ることも多いです。

あと、「感想」や「分析」を書いても「エビデンスは？」と言われたりします。例えば、「最近アナログレコードが売れているのは、デジタル志向が行きすぎてしまった反動だと思うのですが」というような書き方をすると、やっぱり「エビデンスは？」って飛んできます。

いやいやエビデンスってもちろんすごく大事ですよ。みんながエビデンスを無視して好き勝手に書いていたら、世の中何が本当なのかわからなくなってしまいます。でも最近の「エビデンスは？」という質問には、「間違いを許さない」を通り越して、「自分にとって納得のいくものでなければ許さない」という意志を感じてしまいます。

そう書くと、また「エビデンスは？」と聞かれてしまうのでしょうか。うーん、できれば、「教訓」や「経験」、「感想」は自由に書きたいものです。

飲食店で不快な思いをしたとき、どうすればいいのか？

店内で爪を切るスタッフをどう思うか？

先日、僕のｎｏｔｅのほうに、「ある飲食店の厨房で、店のスタッフが爪を切っていた。すごく不快でした」というような話が届きました。また、「ある飲食店のカウンターで、横に並んだ他のお客さんが、こんな時期にすごく咳き込んでいた。そんなときはどうすべきか？」というような質問も届きました。お店で不快なことってありますよね。今回はそんな話を書いてみます。

まず、人前で爪を切ることについて、ちょっと検索してみたところ、イギリスでは人前で爪を切るのは下品という話があるそうです。人間の体についていたものが、その人から離れてしまうと、それは不潔なものになってしまう、という法則ですよね。どれだけ素敵な人の髪の毛でも、抜けて床に落ちてしまえばただのゴミですし、胃腸の中ではただの気体でも、上か下から外に出てしまえば下品な存在になってしまいます。
　美しい手の先にある磨かれた爪も、その人についていれば美しいですが、一度切ってしまえば不潔な存在になってしまうというわけです。人によっては、人前で爪を切るのは人前で排泄行為をするのと同じこと、なんて意見もありました。イギリスの人に直接聞いてはいませんが、もし本当なら飲食店の厨房では、絶対爪は切るべきではないですね。

　さて、このようにお店でスタッフに対し不快を覚えた場合、どうするべきなのでしょうか。お店の立場としては、できればその場で伝えていただくのが一番なのですが、そういうのってちょっと言いづらいですよね。すごく面倒ですが、後でメールか何かでお店に、「今日、伺ったのですが、店内でこういう不快なことがありました」って連絡していただけるととても助かります。

僕もある飲食店に行ったとき、グラスの中から洗剤のにおいがしたことがあったんですね。ワインのあの華やかな香りを楽しみたいのに、洗剤のにおいが混じっていると、まあとにかく残念なんです。こういうのってどう伝えていいかわかりませんよね。

ちなみに、このグラスの中の洗剤のにおいって、グラスを洗ったときに洗剤が洗い落とせてないのではなくて、グラスの水を拭き取る布巾に洗濯洗剤のにおいが残っていて、そこからグラスににおいが移るという場合が多いです。飲食店のグラスを拭き取る布巾は、洗剤を入れてない熱湯で煮沸するのが一番です。

このときはソムリエにそっと「同業者なんですが……」と伝えた上で、状況を話しました。どう思われたかわかりませんが、すぐに丁寧に対応してくれました。

最近は、帰ってからSNSやレビューサイトに書き込む、という人も多いと思います。それを完全に否定はしませんが、お店としてはできればその場で言ってもらいたいです。公開の場所で書かないでほしいということではなく、なるべくお店での時間を楽しんでもらいたいので、その場でお詫びなりリカバリーなりがしたいからなんです。

隣の席の人に不快を感じた場合の対処法

カウンターで横の席の人が咳き込んでいる場合も考えてみます。これ、飲食店でサービスをしている側としては、すごく難しい問題なんですね。例えば、他の席のお客様がすごく騒がしい場合、「ちょっと声を下げていただけますか」って伝えるべきなのか、すごく悩むんです。僕の場合は、カウンターにいる常連さんなんかに、「いかがですか？」って聞いて、「うーん、そうだね……」という、ちょっと困っている感じを確認してから、「ちょっとすいません……」って言いにいくときがあります。

もちろん僕だけだったら我慢できるのですが、やっぱり他のお客様がどう感じているかっていうのが全てなんです。お店にも独自のルールがあると思いますが、うちの場合は、「他のお客様が不快と感じたらアウト」というルールにしています。

同じような話で、「お客様が他のお客様に話しかける」という問題もあります。これもどうするかは本当に、そのときの状況によります。お隣同士で話が盛り上がって、お付き合いすることになったり、仕事が生まれたりって、バーならではの楽しいハプニングでもあります。でもどう見てもダメな感じの男性が、下心丸出しで女性たちに声をかけてっていう場合は「ちょっとすいません……」って僕が間に入るしかありません。
あるいはたまにすごく無神経な人が、「カップルに話しかける」ということがあります。これはマナー違反ですよね。もちろん居酒屋やお寿司屋さんみたいなところでは、お隣さんと話すのが楽しい場合もあります。でも、もし初デートでカウンターに座って、お互い駆け引きのような繊細なやりとりをしているときに、隣の人に話しかけられたら困ってしまいますよね。

もしあなたがそんなカップルのような、隣とはあまり話したくない立場だったら、あるいは質問してくれた方のように、隣の人が咳き込んでいた場合、何ができるのでしょうか。まずこういうときは、メモ用紙に「すいません。隣の人の話がつまらないので席を変えてもらえますか」とか、「すいません。隣の人が咳をしているので、我々の席を変えてもらっていいですか」みたいなことを書いて、スタッフに手渡すのがスマートです。そしたらお店によっては、咳き込んでいる人にそっと「咳はお手洗いで」とお願いしてくれるかもしれないし、あるいはうまく席を移動させてくれることもあるでしょう。「メモ用紙を渡す」って意外と有効です。ぜひお試しください。

頑固な夫が許せない

人が頑固になっていく理由

先日、僕のnoteに女性の方からこんな相談をいただきました。「仲が良い夫婦だが、ここ数年どうも夫と話がかみ合わなくてお互いイライラしている。夫を嫌いになったわけではないのだが、大好きで尊敬していた人が、頑固で説教くさい老人になっていってる感じがして、悲しくてやり場のない怒りをぶつけてしまう。どうすればいいのか」というわけで、今回はこれを考えてみます。

ある喫茶店店主の本にあったエピソードです。開店当初、「どんなお客様にも明るく接して心地よいお店にしよう」と思っていたその店主。あるとき一人の若い女性が来店しました。ランチを食べて、お茶を飲んで、デザートも注文した女性。お店をすごく気に入った様子で、店主との話も盛り上がったようです。その後、女性がお会計をしようとしたとき、「あ、財布の中のお金が足りない。今ちょっと銀行で下ろしてきます」と言って出ていったのですが、それっきり戻ってこなかったそうなんです。

ショックを受けたその店主は、「どんなお客様にも心を開いて接客する必要はないんだな」と思い直しました。「世の喫茶店のマスターたちが、どうしてみんな頑固なのかやっとわかった。どんな人でも受け入れていると心が疲れてしまうんだ」と気づいて、それから自分も頑固なマスターになったそうです。

このように、人が頑固になってしまう理由として、「こちらはとても前向きな気持ちでいたのに、理不尽な経験をして心を閉ざしてしまった」というのがあると思います。そしてもう一つ、人が頑固になってしまう理由があります。

僕は若い頃からカウンターで「年齢を重ねた成功者」の方をよく接客しているのですが、そういう人たちは得てして「自分の成功体験に固執してしまう」ということがあります。例えば、クリエイティブなジャンルですごく成功して有名になった人がいたとします。でも、時代が変われば、その人の感覚ってすごく古いものになってしまいますよね。

そういう方たちが、若いバーテンダーの僕に、その古い感覚を押しつけてくることがよくあったんです。わかりやすいところだと、新しい感覚の音楽や、そういう流行をすぐに否定したり、古いスタイルの音楽を持ってきて、「林さん、これかけて」と押しつけてきたりします。流行に関することだけでなく、「社会とは、ビジネスとはこういうものだ」という話も、自身の成功体験だけを元に、とても主観的に話したりします。

今、自分で書きながら、「誰にでも心を開けなくなってしまう頑固さ」も、「自分の成功体験に縛られて、他人に自分の価値観を押しつけてしまう頑固さ」も、どちらも今の自分自身のことだと、すごく痛感しています。こういう「経験が心の中に降り積もってしまって、動けなくなってしまう頑固さ」って、年齢を重ねるごとに出てきてしまうのかもしれません。

僕も、今これを読んでくれているそれなりに年齢を重ねた人も、若い人たちに、「なんか最近愚痴っぽくなったなあ」「あの人、最近面倒くさいなあ」と思われていてもおかしくないですよね。たぶん、年齢ってどうしようもないです。

僕は、誰かが頑固で面倒くさいことを言っていると、その場で、「ああ、自分も他の人から見ると、こんな感じなんだろうなあ」ってすぐに反省することにしています。そうやって考えると、その人のことは許せるようになります。

あるいは加齢からくる問題だけではなく、例えば「良くない酔い方をしている人」ってどうしてもいますが、そういう人を見ても、「ほんとこの人ダメだなあ」とは思わずに、「自分も酔っ払ったらこんな風になってしまうかもしれない。気をつけよう」と思うようにしています。そうやって意識していると、だいたいの人のことは許せます。

頑固発言をどのように対処していけばいいのか？

長くなってしまいましたが、相談してくれた方が夫に対して、「なんか愚痴が多いなあ。頑固になっちゃったなあ」と感じたら、「私もそうなのかもなあ」と心を切り替えると、かなり許せるようになるかもしれません。

あとは、我が家の場合は特にそうしていますが、とにかく妻に注意してもらっています。僕が「頑固おやじ発言」をしてしまったら、妻は即その場で否定してくれますし、調子に乗ったことを言ったら、「その程度で調子に乗るな」とすぐに言ってくれます。

お二人の関係性や配偶者の方の性格もあると思いますが、そうやって夫が頑固発言するたびに指摘するのはどうでしょうか。もちろんいきなりそんなことを始めたら角が立つので、言ってすぐに、「私もそういう頑固なところあるから、そう感じたときは教えて」と付け足すのが良い気がします。

なんにせよこの問題、加齢だけの問題にはしないで、「ダメな人」を見かけたら、「自分も他の人から見れば、同じようなことをするときがあるんだろうなあ」と想像すると、他人を許せるし、常に自分自身を管理できると思います。そして、お互い注意し合うのが一番なのかなって思っています。これを読んでくれている人も、困った人を見かけたら、「あれは自分だ」を訓練してみてはいかがでしょうか。

全ての人が「さん付け」「敬語」で話す世界

増える「あだ名禁止」の学校

僕、小中高とほとんどあだ名で呼ばれたことがなかったんですね。林なので、「はやちゃん」とか「はやっさん」とかは一部で呼ばれたことはあるのですが、「なんでそのあだ名？」みたいな、すごく変わった呼び名ってありますよね、そういうの、一回も付けられたことがないんです。

決して友達がいないタイプではなかったのですが、もしかしてみんな、僕に少し距離を感じていたのかなあとか、もしかして僕がちょっと変わっていたのかなあとか、今となっては確かめようもないですが、あだ名が話題になるたび、少し考え込んでしまいます。

　今、「あだ名禁止」の学校が増えているそうですね。あだ名ってどうしても、身体的な特徴から思いついた名前にしがちです。背が高かったり低かったり、太っていたり痩せていたり、肌の色が黒かったり白かったり。そういう他の人と少し違う特徴を拾って名付けるから、どうしても「いじめ」に繋がりやすいようで、あだ名が禁止になるのだそうです。周りの人たちは悪気なくいじってるつもりでも、言われた本人はすごく嫌ってことはよくありますから、それも仕方ないなって思います。


　あと、学校で呼び合うときは「さん付け」だという話も聞きます。例えば言い合いになっても、「でも林さんはさあ」って「さん付け」だと、相手を尊重した気持ちになるから、ひどい喧嘩にはならないのだそうです。確かに、相手を罵倒するときに「さん付け」だと、気持ちが入らないかもしれませんね。いじめや喧嘩を避けたい学校側としては、「じゃあみんな、さん付けで」なのでしょう。

「くん付け」が使われないのは、ジェンダーの問題からだそうです。だから男女どちらも全員「さん付け」なんですね。僕は小説を書くのですが、この先「ねえ、林くんはさあ」みたいな会話を書いてしまうと、不自然に感じられる時代が来るのかもしれません。「林殿でござるな」って書いたら江戸時代の話だと思われるように、「ねえ、林くんはさあ」って書くと昭和から平成の頃の話って限定されてしまうんでしょうね。

僕、例えばこの「僕」とか「俺」とか「私」みたいな、属性を表現できる日本語って、個人的には好きなんですね。「そうね」っていうような女性特有の言葉も、「だぜ」みたいな男性特有の言葉も好きなんです。でも、そういう言葉はこれからどんどん使わないようになりそうですね。言葉ってそうやって変わっていくのかもしれません。

廃れるのは「敬語」か「ため口」か

そこで気がついたのですが、「敬語」と「ため口」もどちらかが廃れていきそうな気がしませんか？　難しいのは、「どうして相手が年上という理由で、敬語を使わなきゃいけないのか」という意見もあるし、逆に「馴れ馴れしくため口を使ってくる人が実はすごく嫌」ってことも、ありそうだってことです。

例えば会社で「これやっといて」くらいの言い方をしたとしても、関係性によってはパワハラになる可能性はありそうです。そう考えると、安全のためにはため口が禁止になって、日常的に使われる日本語は敬語になるのかもしれません。

会社や学校だと想像しやすいですが、家でも小さい子供に「やってくれる？」じゃなくて「やってくれますか？」って言わないと「教育上良くない」って話になりそうです。行き着くところは、全員が相手を「名字でさん付け」で呼び、「敬語だけ」を使うっていう日本語環境です。友達でも家族でも恋人でも、「名字でさん付け」で「敬語だけ」です。違和感を覚えてしまうのは、僕が古い人間だからでしょうか？　本当にそのときが来たら自然に感じるのかもしれませんね。

ところで、カリフォルニア大学の心理学者による調査で、「ファーストネームを呼び合わないカップルの内、八六パーセントが五ヶ月以内に別れた」という結果が出たそうなんです。

要するに、「しんじ」って呼ばずにいつまでも「林さん」のままだと、親しみを感じられないから、別れに繋がってしまうそうなんです。たぶん、呼び捨てやため口、そしてもちろんあだ名、例えば恋人同士だけの「甘い呼び方」のようなものがあると、心の距離が縮めやすいんでしょうね。

いじめや差別など道徳的な観点と、心理的な距離の関係って、すごく難しい問題なのかもしれないなあと思いました。

言葉の「呪い」をかけてはいけない

できないことをやらされるつらさ

僕、すごく不器用で、小学生の頃、逆上がりがなかなかできなかったんです。それで、今思い出してもすごくつらいのですが、先生から「逆上がりができるようになるまで、放課後残ってやりなさい」と言われたんです。

本人の意志だけではどうにもならないってこと、あると思うんです。クラスで一番早く走りたいとか、数学の問題をスラスラ解けるようになりたいとか、逆上がりができるようになりたいってこととか。

でも、例えば足が遅い生徒に対して、「足が速くなるまで放課後に残って走れ」とは言いません。いくらか頑張れば、少しは速くなるかもしれませんが、身体的特徴が関係してくるため、限度がありますよね。同様に、逆上がりも個人差があり、できない人もいると思うんです。そういう「できないこと」を無理やりやらせるのではなく、その子に向いている他の何かを見つけてあげたほうが、劣等感を持たずにすむと思うんです。

ここ数年、女性の権利について学ぼうと思っていろいろな本を読んでいます。その中で山崎ナオコーラ『ブスの自信の持ち方』という本にすごく感動しました。この本をきっかけに、女性の容姿と自意識にまつわる本を読み始めて、整形アイドル轟ちゃん『可愛い戦争から離脱します』と、フジコ『「美人は性格が悪い」って本当⁉ ブスが美人に憧れて人生が変わった話。』と、田村麻美『ブスのマーケティング戦略』などを読んでみました。

どの本にも共通していたのは、女性が「自分はそんなに綺麗じゃない」ということを自覚し、それをそれぞれの方法で受け止めて成長していくという話なんですね。そして、もう一つ共通していたのが、「誰かにひどい言葉を投げかけられた」のが自覚するきっかけだったということなんです。

これは僕も経験ありまして、僕の兄は結構イケメンなんですね。それで僕が小さい頃、母が「兄のほうはハンサムだけど、伸次はダメだ」というようなことを言ってきたことがあって、そこで初めて「そうなんだ」って気づいたんです。

さらに高校生のとき、クラスで「誰がハンサムか」を投票する企画があって、僕、下から数えたほうが早かったんです。その頃の僕はバンドをやっていて、そのバンドは人気があったので、自分もイケてるって勘違いしていたんです。だからかなり落ち込みました。先程の本はみんな「どこかの時点で誰かに言われて気づく」っていう経緯だったので、自分のこの体験を思い出して、すごく胸が痛くなりました。

言葉の「呪い」をかけないことの大切さ

さらにもう一つ、先程の本に共通していたのが、どこかの時点で誰かに「そんなに貴女はブスじゃない」って言われることで救われているんですね。美醜の感覚って千差万別で人によってかなり違うから、そう思う人だって当然いるはずです。なのに心無い言葉を受けると、なぜかそれが絶対的な基準であるかのように思い込んでしまうんですよね。それはつまり、言葉の「呪い」なんだと思います。

それで、思い出すことがあります。僕は昔、日本のブラジルレストランで働いていて、そこには日系ブラジル人も働いていました。その中の一人の日系ブラジル人男性が、いつも自分がすごいイケメンであるかのように振る舞うんです。女性たちに対して、ウインクとかしちゃうんです。僕個人の基準で言うと、そこまでイケメンだと思わなかったのですが、彼がそう振る舞うと、周りのみんなは彼がすごいイケメンであるかのように接するし、実際彼はすごくモテたんです。

ブラジルって、本当に人種のるつぼで、ドイツ系、イタリア系、アラブ系、アフリカ系、アメリカ・ネイティブ系とたくさんの人種の人が住んでいます。だから、日本とは比べ物にならないくらい美的感覚の幅が広いんです。というよりも、基準がないから日本のように容姿に重きが置かれないんだと思います。彼もそんな中で育ったから、たぶん「呪い」をかけられることもなかったんじゃないかと思うんです。

個人個人の感覚として、ある人のことを「イケメンだ」って感じたり、「そんなでもないな」って感じたりするのは、どうしようもないことだと思います。また、個人個人の容姿も、「足が速い」とか「逆上がりができない」とかと同じように、生まれつきで決まってしまう部分がどうしてもあります。誰しもが自分の容姿を完璧に思い通りにすることはできません。

言葉の「呪い」がなければ救われた人、たくさんいると思います。言葉の「呪い」って、場合によっては人の一生を左右しかねません。だとしたら、コンプレックスを持つきっかけを作らせないことこそがすごく大切なんじゃないかと思うんです。

「君には期待しているよ」という搾取

期待されるのが苦手な人

先日、僕のｎｏｔｅでこんな質問を受けました。以前勤めていた会社の社長が「君には期待しているんだ！」と言いながら、責任が重くてキツい仕事ばかり押しつけてきたのに、給料は上がらなかった。「期待している」という言葉を自分の都合のいいように使っている人が多いように思うのですが、林さんは期待されるのは好きですか？　とのことでした。

僕、中学生のときに本気でバスケットボールをやっていたんです。最後の大会で県大会のベスト8まで行ったのですが、その試合のときに、すごく期待をかけられたんですね。後輩や女子バスケ部員、親や友達と、いろんな人たちが来て、「わー!!」ってなったんですけど、そういうとき、僕ダメなんです。がんばりがきかないんです。そういう試合で負けそうになると、すぐあきらめちゃうんですよね。まあいいや、ってなるんです。

そういうときに火事場の馬鹿力みたいなものが出てきて、ちゃんと結果が出せる人っていますよね。天覧試合でホームランを打った長嶋茂雄とか、WBCの決勝で決勝打を打ったイチローとか。あれってもう、「メンタルが違う」としか言いようがない気がします。


僕は期待されるのが本当にダメです。例えば自分がイベントに出るときも、積極的に集客を呼びかけるのって苦手なんですね。「会おうと思ってお店に行けば僕になんて会える。他の著者さんはその日その場所でしか見られない」って、いつも考えるのですが、やっぱり自分に華が足りないと思っているのが本当の原因だと思います。

だから、「林さんなら五〇人は集まりますよね」みたいなことを言われると、「ダメです。ダメです。絶対に無理です。期待だけはしないでください」って大騒ぎしてしまいます。他にも「林さんが記事を書いてくれたら三万PVくらいは軽くいきますよね」って言われることもあるのですが、「ダメです。ダメです。絶対に無理です。期待だけはしないでください」って大騒ぎします。期待されるのって本当に嫌です。

どうして期待されるのが嫌なのかを自分なりに考えてみたんですが、やっぱり、普段からちょっと見栄を張っているからだと思うんですね。無意識に「俺、結構実力あるからね。すごいんだから」という風に見せてしまっているんです。だから、その実力がバレるのが怖いんだと思います。「なんだ林、大したことないじゃん」って思われたくないのでしょう。

椅子五個作ったら椅子五個分の対価

さて、質問者の方の元職場の社長の「君には期待している」という言葉、この場合は「やりがい搾取」のようなものを感じますね。デザイナーやライターに憧れている人の心につけ込んですごく安いギャラで働かせたり、人の善意につけ込んでボランティアとしてこき使ったり、うちの会社は社会貢献しているからと安く雇って働かせたりする状況のことです。

賃金って「労働に対する対価」ですよね。「椅子を五個作ったら、五〇〇〇円もらえる」という労働があったとします。そしたら、働く側は椅子を五個作るだけでいいと思います。それ以上やる必要はないし、雇う側もそれ以上を期待してはいけません。

その社長の「期待しているよ」は、「五〇〇〇円で椅子を五個作る時間で六個作ってください」あるいは、「業務時間外に六個目の椅子を作ってください」と言っているように思えます。いいように安く人を使おうという思いが見え隠れしています。

僕が社長だったら、「期待している」という言葉よりも、「六個作ったらボーナス出すからね」って言うかなと思います。「期待している」って言葉はプレッシャーにもなるので。

もちろん「期待している」という言葉でやる気が出る人もたくさんいるし、良い言葉でもあると思います。でも、危険な言葉でもあるというのが見過ごされがちなんですよね。

「がんばれ」と似ていますね。近年「がんばれ」という言葉はあまり好まれなくなっているそうです。「がんばれ」って言われると、すごく苦しく感じてしまい、がんばれない人たちって多いんです。「もっと笑おうよ」「元気出していこう」みたいなポジティブな言葉も敬遠されがちです。

「期待しているよ」って安易に言ってしまいますが、それを言うのならその対価も付け加えなきゃダメですよね。なんとなく良い言葉やポジティブな言葉を使っただけでは、プラス椅子一個分の給料にはならないということを、働く側も雇う側も意識していたほうがいいと思います。

面倒くさい人だと思われたくない

もしかして自分、面倒くさい人になっているかも

先日、ある方から聞いたお話です。

「林さん、今、仕事でやり取りしている人が、御社とか弊社とかっていう言葉が嫌いなんです。そういうビジネス用語を使うと、『そういうのやめましょうよ』って言うんです。あと、メールの最初の、いつもお世話になっております的なものもやめましょうよ。そういう堅苦しいのはやめようっていうのはわかるんですけど、メールを書くときに、『あ、そうだ。この人、弊社って言葉使ったら嫌がるんだ』って書き直すのも大変なんですよね」

こういうのを聞いて、あなたは「そうそう。そういう面倒くさい人いるよね」と感じますか？　僕は正直、「あれ？　自分、面倒くさい人になってないかな？　大丈夫か

な？」って思いました。

僕、比較的、神経質じゃないほうなんですね。というか、ほとんどのことが、どうでもいいし、いいかげんなんです。でも最近、どうも年をとったからなのか、なんか面倒くさいことを言っているような気がして不安なんですね。

例えば、「飲食店で『おすすめは何ですか？』って聞くのは、そんなにおすすめできない」っていう文章を書いたことがあるんですが、それを読んだお客様から、「あ、そうだ。林さんに『おすすめは？』って聞いちゃいけないんだった」って言われたんです。それで、「ああ、もしかして自分、面倒くさい人って思われているかも」って思い始めたんです。

あるいは先日、あるライターさんと原稿のやりとりをしていたら、ある個人が書いたネットの文章を丸々参考にして書かれた箇所があったんです。で、その内容自体が間違いだったので指摘する前に、「それって、検索して、個人が書いたブログか何かを参考にしたんですよね。それ、やめたほうがいいですよ。ウィキペディアも間違いはすごく多いし、もっと丁寧に調べたほうがいいですよ」って言おうか迷ったんです。

でも、そういうことを言うと、「この人、面倒くさいなあ」って思われそうで、ぐっと我慢しました。最近、「面倒くさい人だなあ」って思われるのが怖くなってきたんです。

会話がずれている営業の人

bar bossaに一ヶ月に一回、最近定期的に営業に来る人がいるんですが、その人がすごく世間話好きなんです。本人も、「お店の人との会話を増やそう」と意識的に話している感じもします。もしかしたら、会社で「世間話はお店の方と仲良くなるコツですよ」みたいなことを言われているのかもしれません。

でもその人の世間話が全然面白くないし、すごくズレていたりするんです。うちのお店の入り口のところに僕の新刊を置いておいたら、それを見た彼が「林伸次、知らないなあ。はははは！」って笑ったんですね。

別に僕は有名じゃないから知らないのは当然なのですが、ふつうに考えたら、わざわざ置いてあるんだから、うちのお客様か誰か関係者の本かもしれないし、僕が大好きな本かもしれないですよね。そんな調子なので、その人が来ると僕も用事があるフリをして、掃除をしたり、ボトルを片づけたりしているんです。

で、先日のこと。「コロナで営業大変ですね」って言うから、「そうですねえ」って話を合わせたら、「景気、どうですか？」って言うんです。これ、飲食店の人に今こんな聞き方絶対しちゃいけないんです。今にも店が潰れそうな人たちがいっぱいいいて、先行きも不安ばかりな状態なのに、何を聞きたいんだろうって思いませんか。

「あ、もうこの人何にも考えずに沈黙を埋めるためだけに思いついたこと言ってるだけなんだ。今、飲食店の経営者に、コロナの話をして、景気どうですかって、末期ガンで闘病している人に、元気ですかって言ってるのと同じだってわからないのかな」って思いました。

その人の会社に電話をかけて、「あの人、代えていただけますか？　先日こんなこと言ったんです」って言うべきか、あるいは彼本人に「そういう会話って間違ってますよ」と指摘すべきか、それとも毎回ずっと彼の気持ちが入ってない世間話に耐えるべきか、今すごく悩んでいるんです。

でも彼が、どう考えても、「お店の人といろんな世間話をして、良い関係になるのが営業力だ」って信じているのがこっちにも伝わるんです。だから、「彼を代えてほしい」って言ったり、「そういう会話、やめたほうがいいですよ」って指摘したりすると、彼が落ち込むのは想像できますよね。

どうすればいいか妻に聞いたら、「そのくらい我慢すれば」って言われました。やっぱり僕が面倒くさい人なのでしょうか。原稿に書いてしまったから面倒くさい人かもしれませんね。みなさんはどう思われますか？

うんざりするようなアドバイス

槍玉に挙がりがちな「アドバイス」

bar bossaは、数年前に喫煙可能だったのを禁煙にしたんですね。これ、すごく悩んだんです。例えばあなたが愛煙家だったら。いつも通ってたバーが突然禁煙になれば、もう行かないですよね。

もしあなたが嫌煙家だったら。最初から、まず喫煙可能のバーには行かないですよね。あるいは、近所に喫煙できるバーがあっていつも前を通り過ぎていても、ある日そのバーが禁煙に変わったからってまず気づかないです。

残された頼みの綱は、「煙草は吸わないけど、煙草の煙は気にならない人」でして、喫煙可能な頃はそういうお客様も少しはいたのですが、やはり割合としてそんなに多くないんです。煙草に関しては、好きか嫌いか分かれます。

どう考えても、突然禁煙バーにしたら、お客様は激減して売り上げは下がるでしょう。でも日々の営業中に、「あ、今、帰ったお客様、隣の人が煙草を吸い始めたから帰ったんだ」って感じるシーンも増えてきました。それで、「このままだと売り上げが少しずつ落ちていくだけなのかも」と、ある同業者の先輩に言ってみたんですね。

そしたら、その先輩から、「大丈夫。最初は売り上げは落ちるけど、いずれは定着するから。今は絶対に禁煙にしたほうがいい。もう世の中そういう流れだよ」ってアドバイスを受けて、踏み切れました。ほんと、あのアドバイスには助けられました。


今、「アドバイス」って槍玉に挙がることが多いですよね。

バーベキュー場で若い人たちが試行錯誤しながら火をつけていると、近くにいたバーベキューのベテランみたいな人がやってきて、「おまえら、わかっちゃないなあ。俺にやらせてみな。こうやるんだ」っていうアレです。

火がつかなくて、その場で模索したり、みんなでいろいろ試してみたりして、やっと火がついて、やっと肉が焼けるから楽しいのに、一応親切心だろうから無下にもできないし、かといって全部やられてしまうと「うんざり」してしまいます。

他には、「あなたのことを思って」系のアドバイスも話題になりますよね。代表的なのは親子関係で、時代が変わっているのに自分の価値観を押しつけてくる親ってよくいます。あるいは友人が、必要としてないのに「絶対にこういう服のほうがモテるから」ってアドバイスしてくるのもよくあります。

これらは、「親切心」や「親子」や「友人」だからこそのアドバイスで、場合によっては助けられることももちろんあるわけです。だから、良いアドバイスの「境界線」ってすごく難しいんです。実際、僕は、冒頭の件のように、この業界の先輩からのアドバイスを受けたから上手くいった、という経験があります。

人にアドバイスするときに気をつけたほうがいいこと

僕の場合、人にアドバイスするときは「自分の中で決めたルール」にしたがっています。

まず基本的に、わざわざどこかに出向いてアドバイスはしません。ＳＮＳなどで見ていて、言ってあげたほうがいいのかな？　と思うことがあっても、声をかけてその相手がなんとなくうまくいくよりも、自分でやって失敗して次の糧にすることも大事だと思うようにしています。

でも例えば、お店に若い人が来て、「今度、バーをやろうと思ってるんですよ。どう思いますか？」って言われた場合は、「今って若い人、本当にお酒を飲まなくなりましたよ。バーはやめたほうがいいですよ」って言ってしまうんですね。

僕自身二六年間も現場に立っているし、わざわざうちのカウンターに座ってくれたんだし、相手から聞かれたことなので、「これは」と思って伝えます。もちろん「これはあくまでも僕の個人的な意見です」とも伝えます。だいたい、信念が強い人なら誰がなんと言おうとバーを開店しますし、そういう人じゃないと続かない仕事だとも思います。

同様に、「書く仕事」の件で、相談を受けることって、よくあるんですね。これも、正直に僕の意見を伝えますが、ほんと、「この意見は絶対だ」とはならないように伝えています。

例えばこのｃａｋｅｓの文章のように、僕、たまに偉そうなことを書いていますよね。

でも別に、読んでいるあなたも、僕の文章を全部「その通り」とは思わないですよね。いろんな人のいろんな記事を読んでいて、「うーん、これは違うな」って思うことってしょっちゅうあると思います。

そういう違う意見を知ることで、自分の意見が明らかになってくることってあります。自分の考え方を明確にするいいきっかけだと思うんです。でも、違う意見でも、意見を押しつけてこられると、困ってしまうんですよね。「絶対にそっちのほうがモテるから」とか「それがあなたにとっての本当の幸せなんだって」とかって押しつけられると嫌気がさします。

アドバイスって難しいです。「本当にその人はそのアドバイスを必要としているのか？」「本当にそのアドバイスはその人のためになるのか？」を考える必要があると思います。つまり、本当に相手のことを考えられないなら、アドバイスなんてしないほうがいいってことなのかもしれませんね。

仕事ができるのはこんな人

大手コーヒーチェーンで見かけたおじいさん

先日、ある大手チェーンのカフェで並んでいたところ、前に並んでいたすごく上品なおじいさんがカウンターで、「コーヒー、一つもらえますか?」と注文していました。担当した店員は、「コーヒーは本日のコーヒーが◯◯の豆です。エスプレッソならアメリカーノとラテと△△がございますが〜」みたいなことを言って対応したんですね。おじいさんはその場で固まってしまったんですが、しばらく悩んでやっと注文したんです。

そこにさらに店員が「サイズはショートとトールとグランデがございますが」って言うと、またそのおじいさんは固まってしまって、しばらく悩んでいると、そこに店長の名札を付けた男性が登場しました。

僕は、店長ならわかりやすく説明できるだろうなと思っていたら、店長はメニューを指差して、「サイズはショートとトールとグランデがあるんです。どれがいいですか⁉」って大きい声で言うだけだったんです。おじいさんが困っていたことって、そういうことではないと思ったんですが、気圧された感じでメニューを指差して注文が決まっていたようでした。

うーん……、こういうシーンって時々目撃しますよね。おじいさんが「コーヒー、一つもらえますか？」と言ったということは、おそらくエスプレッソとかスペシャリティコーヒーとかをよく知らない人で、オーソドックスなホットコーヒーを飲みたいんだろうなって、察しがつくと思うんです。

チェーン店だからマニュアルがあるのかもしれません。チェーンとはいってもお店としてのこだわりもあると思います。でも、人が人の接客をしているのだから、その場その場で臨機応変に対応してほしいなあと思ってしまいました。大きさなら、本物のカップを見せればおじいさんでもすぐ理解できたと思うんです。

せっかく自分が関わるならより良い場所にしたい

最近、お店の近くのコンビニの店員が、ほとんど外国人になっていることに気がつきました。どこの国の人なのかはわからないけど、みんなすごく感じがいいんです。僕が毎日のように顔を出していたら、ホットコーヒーを注文しただけで「小さいのね」って言ってくれるようになったし、箸とか袋はいらないのも覚えてくれて僕には何も聞かずに会計してくれます。コンビニなんてガチガチにマニュアルが決まっていると思うんですが、臨機応変に対応してくれるんです。

僕、一九歳の頃にコンビニで深夜のバイトをしたことがありました。そこには古株バイトの大学生がいたんですが、すごくやる気がない人だったんです。深夜のお客さんが少ないお店だったからというのもあるのですが、いつも裏でマンガを読んでいて、お客さんに呼ばれたらレジに出ていくという感じの人でした。

僕だってそんなに真面目ではないのですが、「この作業は先にやっておいたほうが後が楽だな」くらいは考えるんですね。そしたらその大学生が、「林くん、こんなコンビニ仕事を真面目にやることないよ」って言うんです。正直、そのときはすごく嫌な気持ちになりました。

今になって考えれば、それも一つの考え方かもしれません。その頃はみんなすごく安い時給で働いていたし、コンビニのアルバイトで得たスキルはその後の人生で活かすのが難しいと思ってしまって、本気で取り組めなかったのかもしれません。だけどやっぱり、僕はどんな仕事も、どんな職場も、社会の中で必要な一つの役割だと思いたいんですね。

最近は「仕事が全てじゃない」とか、「余暇のために仕事をしている」とか、「仕事以外の場所で自分を表現している」という考え方の人も増えていると思います。それはそれで、僕は賛成です。ただ、「ここは入りたい会社じゃなかった」と言いながら適当に仕事をしたり、「こんな仕事、そんなに本気でやることじゃない」と言いながら手を抜いたりするのはちょっと違うと思っています。やっぱり僕だったら、やる気のない大学生よりも、気持ちよく臨機応変に対応してくれる外国人店員に接客してほしいし、僕が店員だとしてもそうしたいと思うからです。

せっかく自分が関わっている場所なんだから、できるだけいい状態になればと試行錯誤したほうがいいんじゃないかと思うんです。お客様や取引先ともいい関係を保って、お互いが得したり、「いい時間だった」って思えたりするように、みんなが意識してベストを尽くしたほうが、みんなが幸せになるんじゃないかと思うんです。


先日、ｎｏｔｅのハッシュタグ企画「わたしが応援する会社」の審査員とお手本記事に携わりました。その担当者が、ｎｏｔｅ社の平野太一さんという人だったんですね。

僕、最初、お手本記事で「好きな会社はマイクロソフト」っていう原稿を書いたんです。ちょうど、ビル・ゲイツのドキュメンタリー番組を見たばかりで、ついついその感想文みたいなのを書いてしまったんです。今思うとすごく薄っぺらい内容でした。平野さんとしては僕に「ダメ出しして書き直しをさせなきゃ」ですよね。

僕は彼からするとすごく年上だし、彼が入社する前からｎｏｔｅ社での仕事をしているし、すごく言いにくかったと思うんです。そしたら、平野さん、突然bar bossaに飲みにきてくれて、しばらく世間話をした後で、すごく言いにくそうに、「あの原稿ですが」って切り出してくれました。

別にメールですむ仕事だし、わざわざ就業後のプライベートな時間を割いて、さらにバーでの飲み代まで払って、言いにくいことを本人に言いにいくの、平野さんとしては「面倒くさい」し「大変」だし「お金も時間も必要」だったと思うんです。

でも、「これは、林の顔を見ながら言ったほうがいい」と判断してくれたんじゃないかと思いました。自分の仕事に責任を持って、自分の担当している企画や原稿に、できる限りベストを尽くそうと考えたのだと想像します。それができるのってすごく優秀な人ですよね。


自分に与えられている仕事の意味、自分の役割、それに対して、できる限りのベストを尽くそう、みんなが「得」したり「良い関係」になれたりする仕事をしようって思いながら働ける人、僕はすごく好きです。

お酒を介したコミュニケーション

仕事関係で飲みに行く時代は終わった？

あるＧＡＦＡ企業に勤めている方から聞いたのですが、その方、隣に座っている女性社員が既婚なのか未婚なのかって知らないそうなんですね。もちろん仕事中にその女性社員とはよく話すし、たまにランチに行くこともあるのですが、職場で既婚とか未婚、あるいは恋人がいるかどうかのようなプライベートな会話は、コンプライアンス的にアウトなのだそうです。

僕が「え？　じゃあ同僚と飲みに行ったりはしないんですか？」と聞いたところ、「ほんと気が合って飲みに行くような人っていますよ。でも基本的に社内恋愛的なことってまずないんです。あと、上司が部下を飲みに誘うってまずＮＧなんです。別に上の人間が下の人間を飲みに誘ってはいけないってルールがどこかに書いてあるわけではないのですが、まずなしです」と教えてくれました。

そんな話を某大手広告代理店の二〇代の男性にしたところ、「わかります。うちも基本的に発注先っていうか、こっちが上の立場の場合、飲みに誘うのって完全にNGです。いつもお願いしているすごく可愛いデザイナーの女性がいて、仕事中にすごく話が盛り上がったりするんですけど、まあ彼女のことを飲みに誘ったりはできないですね。ほんと後になって何を突っ込まれるかわからないじゃないですか。ちょっとした冗談のメッセージをスクショされても怖いし、僕は仕事相手には絶対に『！』も使わないようにしてます」なのだそうです。

うーん、そんな時代になったんですよね。僕がバーテンダーという仕事を始めた頃は、上司が部下をバーに連れてきて、「バーっていうのは、まずチャージっていうのがあるから。ほら、今お通しが出てきただろ。これが渋谷だと五〇〇円くらい、港区だと一〇〇〇円、銀座だと二〇〇〇円くらいするから。ほら、グラスが空になったら何か注文しないと」という風にバーでの飲み方を教えてたんです。そしてその部下が上司になったらまた新しい部下を連れてきてっていうのがずっと続いてたんです。

あるいは広告代理店の人が、発注先のデザイナーを連れてきて、「今日はうちの領収証が切れるんで、好きなもの飲んでください」って言いながら、朝までカウンターでデザインや流行の話を楽しそうにするなんてことが毎日のようにあったんです。時代が変わってしまいましたね。

もちろんかつての昭和時代、お酒なんて飲みたくないのに上司に連れ回されて、「なんで、就業時間終わってるのに、こんな上司に付き合わなきゃいけないんだろう」って人もいただろうし、大手のメディアの人が、発注先の女性を性的な意図があって誘って、誘われたほうは断るのが大変なんてこともあったはずです。でも全てがそうだったわけではないと思うんです。

お酒はこの先どうなっていくのか

でもまあ仕方ないです。例えば、スターバックスが初めて日本に上陸したとき、「煙草が吸えない喫茶店なんて、絶対に潰れる」って飲食関係者のほとんどの人たちが言ってたんですね。喫茶店は煙草を吸う場所だったんです。それがご存じのように、今スタバは日本全国を制覇して、飲食店では煙草が吸えないのが当たり前になりました。

煙草が嫌われ始めて、日本の飲食店から姿を消すのに二〇年くらいかかったでしょうか。お酒についても、今世間では、飲酒をやめようという雰囲気があるんですね。垣渕洋一『「そろそろ、お酒やめようかな」と思ったときに読む本』や、町田康『しらふで生きる　大酒飲みの決断』という本が話題になりました。ソバーキュリアスという、お酒をあえて飲まないというライフスタイルが欧米から流行り始めてもいます。ソバーキュリアス・バーというノンアルコールのバーも登場し始めました。

日本の二〇代、三〇代の若者たちの間で、飲酒をしない率というのがどんどん上がってきています。毎年、年末になると「会社の忘年会に出席しない若者たち」というニュースが話題になるのが恒例になりました。そしてそれをコロナ禍が追い打ちを加えました。大人数で飲むという習慣が完全になくなってしまったんです。いわゆる全社員やその部の社員たちが一堂に会してというあの忘年会ってコロナ禍の二年間、完全に行われなかったはずで、おそらくコロナ禍が終息しても、「もう忘年会はやらなくていいか」という雰囲気になっていくはずです。

あるいはリモートワークの影響で、会社の帰りに一杯という習慣がすごく減ってしまったという話もよく耳にします。いくつかの大手の会社では、コロナ禍の二年間、一切営業での飲酒は禁止になってしまったという話も聞きました。別に飲みに行かなくても営業は成立するんだという雰囲気になってしまったという話も聞きます。実際、現場で働く僕としても、いわゆる大企業の名前を領収証に書く機会が本当に減りました。

あと、リモートワークなので、飲む場合も都心ではなく、地元周辺の、例えば三軒茶屋や赤羽や北千住といった街で、仕事とは関係ない友人と誘い合って飲むという機会が増えたという話もよく聞くようになりました。都心の大人数が入れる居酒屋は本当に減ってしまいました。

僕のbar bossaは少しずつですが、お客様は戻りつつあるし、「多様な飲食の楽しみ方」が出てきたため、「バーっていうのに行ってみたい」という若い方も現れて、最近二〇代のお客様が増え始めました。

コロナ禍で緊急事態宣言が出されたときに、飲食店は営業していないから、街の路上で飲むというのが流行ったのは覚えていますでしょうか？　あれがそのまま今でも残っています。渋谷ではお金のない若い人はお店に入るよりも、コンビニでアルコール度の高いチューハイを買って、路上に座り込んで飲んでいます。

一方で、お金のある若者たちは、僕のバーのような場所に来るという両極化のような状態になっています。

これからお酒、どうなっていくのでしょうか。煙草のような運命になるのでしょうか。そうならないためにも、僕ら年齢が上の人間や飲食側の人間が、美味しいお酒の飲み方を教えて、次の世代へとバトンタッチしていくべきなのでしょうか。時代の変わり目ですね。

第二章

我が振り直せ？
自分自身について

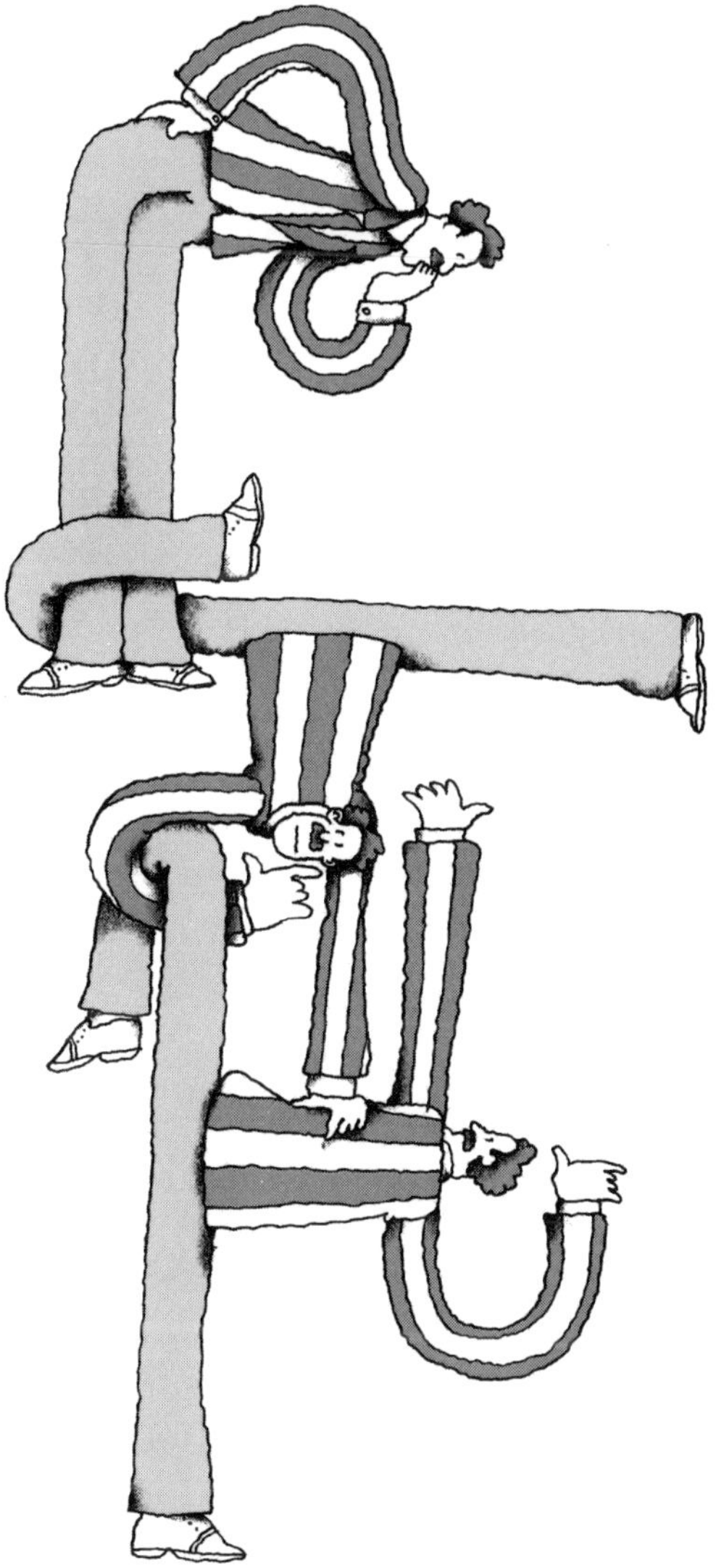

世の中みんな「自己正当化」

僕たちの意識は全部「自己正当化」？

先日、ネットでこんな記事を見かけました。

「明らかなヒトの本性があるとしたら、それは『自己正当化』だ。わたしたちは、自分（たち）が正しいと主張するためならどんなことでもする。著名な進化心理学者のロバート・トリヴァースは、意識（理性）の主な機能は『自己正当化』であり、もしかしたらそれがすべてかもしれないと述べた」

橘玲「ヒトの本性は利己的（悪）なのか、利他的（善）なのか？」【橘玲の日々刻々】『ダイヤモンド・オンライン』二〇二一年九月二三日ありとあらゆる「悪」と思われるもの、例えば、「振り込め詐欺」をやっている人たちも、自分たちは悪いことをやっているとは思っていないそうなんですね。聞くところによると、「老人がお金を貯め込んでいるのが悪い。そのお金を俺たちが世の中に戻してるんだ」って思っているそうなんです。

もっと広いところでは、多くの戦争は、誰も自分を「悪」と思って始めないですよね。正義はこちらにあるから、なんとかしてあの悪い敵をやっつけないと、という場合がほとんどです。

もちろん、そのようなことは大昔からよく指摘されてきましたが、前述のロバート・トリヴァースの言葉で気になるのが、「意識の主な機能は『自己正当化』であり、もしかしたらそれがすべてかもしれない」の、「それがすべて」という箇所です。

僕たちの意識は全部「自己正当化」だと言ってるんです。もしかしたら、そうかもしれません。あなたも、職場で、家庭で、あるいは友人から、「それはダメだよ」って注意されたときに、まず「認めたくない」と思ったこと、ありますよね。

例えば、「嘘をついちゃダメだよ」って言われたとき、「あのときは仕方なかった。世の中には良い嘘もある」って考えたことはありませんか。実際良い嘘もあるにはありますが、ほとんどの場合は、良くない嘘のはずです。「仕方なかった」と思ってしまうのは、自分が悪い嘘をついたのを認めたくないからではないでしょうか。

簡単に「自分が悪い」とは思えない

浮気に対して、「そもそも人間は浮気をするように設定されている」とか、「男性はできるだけたくさん遺伝子をばらまきたいって思っている」とか、「女性だってできれば今より優秀な遺伝子を持った男性と交際したいと設定されている」というような説を唱える人がいますが、やっぱりそれも浮気をしたい人の「自己正当化」が一番の理由でしょう。

また、嫌われている人がいても、自分でその理由を「自分の性格が悪いから」とはなかなか思えません。でも、学校などのいじめは別として、誰かが嫌われるのはその人の性格や言動に問題がある場合が多いはずです。でも当人はなかなか認めることはできません。

自分が仕事でうまくいかないのは、「自分に能力がないから」だと思えない人も多いようです。そういう人は、「あなたには能力がない」というのを何度も突き付けられても、「うまく仕事を指示しない上司が悪い」、「親がこんな風に育てたからだ」となります。もちろん、それが原因の場合もあるし、そうであれば大変なことではあるんだけど、「自分に能力がない」ということを受け入れられずに責任を転嫁してしまう場合も多くあるようです。


とにかく、人は簡単には「自分が悪い」と考えられないようになっています。だんだん、僕たちって本当に「自己正当化」という意識でしか生きていない気がしてきました。

先日、渋谷を歩いていたら、自転車に乗った人が僕にぶつかりそうになって、「チッ！」って舌打ちしてきました。たぶん彼は「なんで周りを見ないでぼんやりこんなところを歩いてんだよ」と思っていたのでしょう。そして僕も、「ここは歩行者優先だろ」と同じように相手が悪いと思っていました。

そう、みんな、自分を自己正当化して、あなたや僕を責めてきますが、一方であなたも僕も、自己正当化して、「それはあの人のせいだ」と思い返していませんか。なるほど、ありとあらゆる僕たちの「意識」って「自己正当化」かもしれませんね。

あの人が書いた文章も、あの人が語った発言も、あなたが書いたツイートも、そしてもちろん僕が今書いているこの文章も、「自己正当化のため」の言葉なのでしょう。僕たち全員、「自分だけが可愛い」んです。

僕たちにできることは、他人を批判したり貶めたりする感情が芽生えたときに、まず「これは自己正当化かもしれない」と、意識的になることだけなのかもしれませんね。

僕が誰かの悪口を言わない理由

松井秀喜は悪口を言わない

突然、変なことを言いだしますが、僕は「悪口を言わない」って決めています。

元プロ野球選手の松井秀喜が中学生のとき、「今日の試合、あいつのせいで負けた」って言っていたのを父親が聞いて、「そんな下品なことをするんじゃない。二度と人の悪口を言わないと約束しなさい」と強く叱ったそうなんです。それ以来、松井は二度と悪口を言わないようになったそうです。

この話を知ったとき僕は、松井にとってどこからどこまでが悪口なのか気になったんです。理由はもちろん僕も「悪口を言わない」って決めているからなのですが、最近、ある人について「こんな困った人だった」ってついついみんなに言ってしまったので、それは悪口なのかなあと悩んでいるわけです。

松井にとっては、どうやら「誰かを批判する」というのはもう悪口のようです。「あの作品、つまんないよね」とか、「あのお店、不味いよね」とか、「あの人、わかったようなこと言ってるけど、わかってないよね」とか、このあたりはもう確実に悪口なのでしょう。

その線引きだと、僕が「こんな困った人だった」って言っていたのも悪口に該当しそうです。悪口を言わないって決めているのに、これは反省しなきゃなあと思いました。

さて、僕がなぜ「悪口を言わない」と決めているかというと、これは一つの「実験」なんですね。例えば僕は、「毎日、何かを書く」というのと「携帯電話を持たない」というのを実践していますが、これもそうすることによって「自分はどうなるのか」っていうのを実験しているんです。

「毎日、何かを書く」と決めると、世の中を見つめるときに、明らかに「解像度」が高くなるんですね。普通に過ごしていると「ネタ」にはならないと言いますか、「この現象、もう少し膨らませたらネタになりそう」って思いながら日々を過ごすと、世界を少し掘り下げることができるんです。「携帯電話を持たない」理由はまた別にあるので、どこかで書きたいと思います。

ひどい人よりも印象に残る、悪口を言う人

それで、悪口を言うとどうなるのか。オハイオ州立大学のジョン・スコウロンスキ博士という方が、こんな実験をしたそうなんです。

被験者たちに、あるビデオを見せるのですが、その映像の中では、役者が自分の知人について話しています。役者（Aさん）は、知り合いの人物Bさんについて「あいつは動物が嫌いで、買い物に行く途中で見かけた子犬を蹴飛ばしていた」という風に、Bさんの悪い行いについて語ります。

その後、ビデオを見た被験者たちに感想を聞いたところ、「Bさんを嫌な人だと思った」という回答より、「Aさんを嫌な人だと思った」という回答のほうが圧倒的に多いという結果が出たそうなんです。Bさんは子犬を蹴るようなひどい人として話されているのに、被験者たちはむしろBさんのことを悪く言ったAさんに対してマイナスの感情を

持ったというわけです。

このとき「自発的特徴変換」と呼ばれる心理的な効果が働いているそうです。なんか難しい言葉ですが、要するに「聞いている人」が「聞かされた誰かの噂」を「話している人」と結びつけてしまう現象のことだそうです。

例えば、Cさんが「Dさんっていうすごく優しい人がいるんですけど」みたいなことを話すと、Cさんのほうが優しい人のイメージになってしまうそうなんです。これならなんとなく納得できますよね。

「いつも誰かの批判ばかりしている人、悪口ばかり言っている人は、イメージがすごく悪くなる」と考えていいということですね。まあ確かに、「あれダメだよね」とか「ああいうの流行ってるけど、なんかわかってないよな、あいつら」とかばっかり言っている人、イメージ悪いですよね。


話の肝は実はここからなのですが、人は聞いた話の内容は簡単に忘れるそうで、逆に悪口を言ってた人っていう記憶はなかなか忘れないそうなんです。前述のビデオの例で言うと、「Bさんが子犬を蹴っていた」っていう内容は忘れるのだけど、「AさんがBさんの悪口を言ってた」っていうのは忘れないそうなんです。

これもなんとなくわかります。僕たちも日々、「ああ、AさんはBさんのことを良く思ってないんだなあ」というのだけは、しっかりと覚えてますよね。でも、Aさんがどういう悪口を言ってたのか、そういう具体的なことは忘れちゃいます。

だから、やっぱりすごく得意げに、「Bさんはこんな奴だ」とか「あの作品つまらないね」とか「あのお店、不味いね」みたいなことを言ったとしたら、みんなの記憶に残るのは、「あいつっていつも批判ばっかりしている嫌な奴」というイメージだけということになるんです。

インターネットって以前よりも罵詈雑言が飛び交っているイメージありませんか。でも、書かれた内容という「事実」はみんなにはあまり届いてなくて、「なんか感じ悪い嫌な人」っていう書いた人への悪いイメージしか残らないというわけですね。

もちろん、全ての批判が悪いとは思っていません。何かを自由に批判できるというのは我々が持っている尊い権利だし、それによって社会が良くなることもたくさんあったはずです。批判と悪口の線引きは難しいし、「さあ、あなたも批判や悪口をやめましょう」とおすすめする気も全くないです。

でも明らかに汚い言葉を振り回している人たちには、こういう風になっているようですよ、というのを伝えたいです。とりあえず僕は、「松井スタイル」を続けてみます。

二四年間バーカウンターに立ち続けて実感できた喜びとは？

地元にずっといるほうが幸福度が高い？

ウェブサイトｃａｋｅｓで連載を長く続けてきましたが、ｃａｋｅｓって購読数が僕の原稿料に直結するので、初期は「どういう内容の記事がクリックされやすいのかな」ってずっと考えながら書いていたんですね。キスとかセックスとか不倫のような話はクリックされやすいのですが、別にみんながみんな反応するわけでもないんです。興味ない人は全く反応してくれません。そんな中、みんなが気にしていてついついクリックしてしまうのが、「友達がいない」というテーマなんです。

最近でも、中年独身男性に友達がいないという話が、ネット上で話題になっていましたよね。男性はどうしても毎日の行動や興味が、仕事に関係することになってしまいがちだから、年齢を重ねれば重ねるほど、友達がつくりにくくなっていくのだと思います。これは仕方のないことです。僕自身、今仕事と関係ない人と飲みに行くって、ちょっと想像ができません。

そもそも男性は、男性同士で用事もないのにメッセージのやり取りはしませんよね。妻がＬＩＮＥをしているので見せてもらったのですが、日常のなんでもないことを友達と伝え合っているんですね。そういうの男性同士だと想像できない人のほうが多いと思います。

以前とある調査で見たのですが、生まれた土地から動かずに、小学校の友人たちと一緒に大きくなって、地元でバーベキューや飲み会なんかをやって、同級生か知り合いの知り合いぐらいの人と結婚して、友人とは家族同士でつるんで、そんなに収入が多いわけではないけど、生活していて困るようなこともない、っていう人たちは「幸福度」が高いそうなんですよね。

一方、誰も知り合いがいない都会に出て、仕事だけで繋がっている人たちと、出世やお金や地位をめぐっての争いなんかをしている人たちのほうが、収入は多くても「本当の友達」がいなくて不幸せに感じるそうです。

僕は正直に言いますと、小さい頃から知っている地元の同じメンバーで一生を過ごすって、ちょっと避けたいなと感じます。人間関係って「更新」していくのが面白いところだと思うんです。やっぱりずっと同じ人たちの中にいると、同じ顔を見せ続けなきゃいけないですよね。人間関係って役割が決まってしまうから、その場所で「お調子者役」になってしまうと、ずっとお調子者です。でも、いろんな場所に人間関係がもてると、ここでは「お調子者」だけど、ここでは「生真面目」っていう風に、自分を使い分ける楽しさがあります。

また、僕は「転校生の喜び」と呼んでいるのですが、転校生のように居場所が変わることによって、「今までの自分をいったん全部やめにして、新しい自分を試みることができる」っていうことも、たくさんのコミュニティがある都会の利点だとも思います。

あるいは人って、ステージというものがどうしてもあります。社会的に責任ある地位になったり、結婚して生活圏が変わったりと、ライフステージが変化します。違うステージの人たちと出会うと、新しい知識や価値観を手に入れることができます。人間関係が更新されるのって、「新しい価値観の人や新しいステージの人と出会える喜び」だと思います。

流動的な人間関係が心地よい

僕がこんな風に考えるようになったのは、渋谷で二四年間もお店に立って、毎日「いらっしゃいませ」を言っているからなんです。開店当初、僕は二七歳で、店内で僕が一番年下というのが普通でした。その頃、通ってくれた四〇代、五〇代の方たちは、もちろん今はほとんど店にはいらっしゃいません。そうなんです。お店って、ずっと同じお客様が来店し続けてくれるわけではないんですね。

あなたもそうじゃないですか？　あるときすごく気に入って通っていたけど、転勤したり引っ越したりしてそのお店には行かなくなったってこと、よくありますよね。例えば、近所のコンビニなんて、何がどこにあるかどんな店員さんなのかまで完全に覚えているのに、ある日引っ越ししたら一切行かなくなったりします。

　そういうことが、僕が立っているバーにもしょっちゅうありまして、あるときは音楽関係者の溜まり場みたいになりましたし、今はネット文壇バーと言われるくらい、ネット上のインフルエンサーやネット上でコンテンツを作っている人たちが集まるバーになっています。でもこれがこの後どう変化するか、僕は想像もつきません。

　僕はお店を続けることによって、「人間関係は流動的」というのを肌で実感しました。お店って「来るものは拒まず去る者は追わず」なんです。そしてそんな流動的な人間関係ってとても心地よいです。

　僕はこれからは「リアル店舗の時代」だと本気で感じています。今、ネット上のサロンやSNSなんかで簡単に繋がれますが、結局どこかで会うとなると、「飲食店」が選ばれます。僕たち、何かを食べたり飲んだりしながら会話をしたいんです。コロナ禍以前、bar bossaでたまにパーティーをやっていたのですが、そこで知り合って結婚したり友達になったりした人もたくさんいます。今でもカウンターで知り合う人たちはたくさんいます。

お店にはいろんな人が集まってきます。流動的な知り合いがたくさんできます。そんな人と人の接点になれるお店をずっと渋谷でやってこられたのが、僕の人生の財産です。

日々「うわああ」ってつらくなる人が気をつけるべきこと

自分が繊細だと感じる人に試してほしい七つの方法

ＨＳＰってご存じでしょうか？　一時期よく話題になったのですが、「非常に感受性が高く、そのために環境からの影響を人一倍受けやすい気質を持っている人。常に頭や五感がフル回転で、情報過多になりやすいことから、疲れやすく、時には生きづらさを感じることがある」ということらしいです。

そういう人、たくさんいますよね。一説には人口の一五〜二〇パーセントくらいの人が該当するそうで、やはりそこそこ多いようです。ちなみに僕も、先ほどの条件には該当していると思います。

実際にＨＳＰかは置いておいて、僕みたいなタイプは何かと日々、「うわああ」ってつらくなるときがあるので、そういう人たちのために、僕が気をつけていることを紹介します。

①これはつらいだろうな、というコンテンツは一切見ない

例えばニュースでアナウンサーが「子供が」と言い始めたら、すぐに消すかチャンネルを替えます。動物のドキュメンタリーでも、「あれ？　これもしかして子供たちが食べられるかも」って気づいたら、大急ぎで見るのをやめます。テレビで素人が出てきて、笑いものにされそうな雰囲気を察したら、これもチャンネルを替えます。そういう「無理」と感じるものはパターンがあるので、それっぽいと感じたら大急ぎで見ないようにします。もちろん、そういう話が書いてありそうな本やマンガは最初から手を出しません。

②ＳＮＳから遠ざかる

僕が書く仕事をできているのはＳＮＳのおかげだと思いますし、おそらくほとんどの方がＳＮＳで僕のことを知って、本や記事も読んでくれているのだと思います。でも、最近のSNSは本当に心に良くないことが多いと思います。僕は「SNSが出現する以前の世界」をはっきりと覚えていますが、こんな風に誰かの活躍を嫉妬して中傷したり、周りの友人と自分を比べたり、誰かのちょっとした発言にくよくよしたりって、ほとんどありませんでした。本当はSNSに関しては、「一切やめる」ということにしたいのですが、「ツイートする」っていうのがウェブの連載媒体で文章を書くときの契約の条件に入ってたりすることもありまして。いつかやめたいです。

③嫌だなあと感じたことを文章にする

「人から嫌われるのはどういうことなのか」とか「おじさんがこんな自慢話をするとみっともない」とかいう話を僕はよく書いていますが、それは僕が日々「うわあ、自分ってみっともないなあ」とか「反省しなきゃなあ」とか思ったことを、自分に向けて書いているからです。本当は自分に向けて書いているものを、「ネタ」として世界に公開しているというわけです。そうすれば、自覚したり、戒めにしたりすることができます。

④深呼吸する、動いてみる、外に出て歩く、好き勝手やる、寝る

深呼吸はヨガで覚えました。これはとにかく効果があります。それでもまだモヤモヤしていたら、「変な踊り」をおすすめします。大好きなダンスミュージックをかけて「変な踊り」をするとかなりいいです。外に出て歩くのもいいですよね。僕は渋谷で働いているので、レコード屋にいったり本屋にいったりしていると嫌なことは忘れてしまいます。あと、僕の場合は、お酒を飲んで「これは太るぞ！」っていうのを食べて、頭を使わないマンガや動画を見てってことをします。その後、眠ったら大丈夫です。

⑤普段から忙しくする

例えば僕は、毎日ｎｏｔｅを更新するって決めていまして、まあ毎日何か書かなきゃいけないので、常にネタ探しをしています。さらに僕の場合は「お店」もあり、それも忙しいときがおかげさまでありまして。そんな風に毎日を忙しい状況にしておくと、嫌なことを考える時間がなくなります。暇な時間がたくさんあると、くよくよしたり考えすぎたりするような気がします。

⑥愚痴を聞いてもらえる人を確保する

僕はとにかく妻にいろいろと聞いてもらっています。ほんと申し訳ないなと思うのですが、でも僕も妻の愚痴をたくさん聞いているので、お互い様かなと思っています。この、愚痴を言える相手がいるかどうかってすごく大きなポイントだと思います。でもやっぱり、友達にちょっとくらいは愚痴を言えても、毎回毎回だと嫌がられますよね。バーとか飲み屋で、マスターやママに対し愚痴しか言わないお客さんってたまにいますが、まあお金を払っているから仕方ないんじゃないでしょうか。相手を気遣うなら、愚痴を言う相手を複数持って分散するのがいいのかなと思います。

⑦嫌な人間関係はさっさと切る

「この人、面倒くさいなあ」とか、「この人、トラブルメイカーだな」とか、「みんなはこの人のこと好きかもしれないけど、自分とは合わない」とか、「この人の距離感がちょっと苦手」とか、いろいろとありますよね。そういうのを少しでも感じると、僕はさっさと関係を切ることにしています。僕の場合、どうやらその「苦手なタイプの人」ってすごく少ないようです。「え？　みんなあの人のこと嫌っているのに、林さん大丈夫なの？」みたいなことをよく言われます。でもまあ僕にも「ちょっと無理かも」って感じることがあって、そういう場合は「我慢しないで関係を切る」ということにしています。

こんな感じですがいかがでしょうか？　繊細じゃなくても心が落ち込むことってあると思います。そのままにしていると、心はどんどん疲弊していくので、意識して傷つくことを避けると、だいぶ楽になれますよ。ぜひお試しください。

他人に嫉妬しない方法

自分より下だとホッとして、自分より上だと嫉妬してしまう感情

以前、よく店にいらっしゃった有名人のAさんが、「BさんがSNSで、『いい天気だ』って空の写真をアップしただけで、一〇〇〇以上の『いいね』をもらってた。あんなのズルーい」とおっしゃっていたことがあったんです。

そのとき、僕は「すごいですよね。キャラクター設定の違いなんですかね。羨ましいです」みたいな返事をしたと思いますが、心の中では「ああ、こんな人気のある方でも、他の人の投稿の『いいね』の数をチェックして嫉妬するんだ」って、すごく不思議な気持ちになりました。

もう、本当にしょうがないことなんですよね。誰かと比べてしまって、自分より下だとホッとして、自分より上だと嫉妬してしまう感情。僕にもあります。だから僕は、嫉妬感情への一番の対処法としてこういうときは、「自分を見つめるきっかけにしよう」と考えるようにしています。

「この人、人気が落ちてきたなあ。しめしめ」という黒い気持ちを自分自身に感じたら、その気持ちはとりあえず横に捨てて、「なぜこの人、人気が落ちたんだろう。自分も同じようなミスはしていないだろうか？」と自分チェックの材料にする、みたいなことです。

他にも、「こんなのに『いいね』が多いなんて悔しい」と感じたら、「本当は自分もそうなりたいのだけど、なれない自分のせいで悔しいのだから、なれるように努力してみよう。この人の良いところを自分にも取り入れてみよう」と前向きな材料にする、といったものです。

でも、本当の一番の対処法は、「他の人の情報を見ない」という態度だと思うんですね。やっぱり「SNSを見ない」のが一番です。

昔はSNSなんてなかったので、「近い知人や友人がどういう風に活躍しているか」っていう情報はめったに入手できなかったんですね。例えば、bar bossaは一九九七年から営業しているのですが、当時インターネットで他店の情報を得るなんて、なかなかできなかったんですね。だから、同じようなタイプのお店が人気になってる、話題になってるっていう「嫉妬を誘うネタ」自体がめったに入ってこなかったんです。

そういう情報が入ってくるとすれば、同業者同士の飲み会とかで、「あのお店、入ってるらしいよ。人気メニューが当たったんだよね。僕らも人気メニューがやっぱり必要だよね」「おまえの店、何かメニュー開発してる？」「これからはマリアージュが流行るらしいよ」ってな風に話題になる程度です。そんなのは噂話程度にしか感じていなくて、その場で消費されてしまうから、そこまで胸の中のモヤモヤにはなりませんでした。それに比べると、今SNSで情報が入ってくると、たった一人でその情報を処理しなきゃいけないから、たちの悪い嫉妬に発展するような気がします。

他人と比較するのをやめてみませんか？

そんなことをくよくよ考えていたら、noteでしょこらさんという方の「比較は常に、十文字で考える」という記事を見つけました。「他の人をライバルにするのではなくて、過去の自分をライバルにすればいい」という発想です。例えば、以前はこの程度の作品しか作れなかったけど、今はこのくらいの作品が作れるようになった、とか、以前は仕事でこんな成果しか残せなかったけど、今はこのくらいの結果が出せるようになった、とかいうものです。

これ、過去の自分より良くなるだけじゃなくて、逆に、停滞していたり、過去の自分よりもダメになっていたりしていることにも参考になるはずですよね。例えば、「いいね」の数も、二年前と同じような数なのか、それとももっと減っているのか、それとも倍増しているのか、って考えることができます。

あるいは、「いいね」を押してくれてる人たちの顔ぶれを見ても、以前の自分と比べることができるかもしれません。以前は自分が「いいね」を押したから向こうも「いいね」を押し返してくれるだけだったけど、今は全く知らない人からの「いいね」がすごく増えている、みたいな比較をすることができます。

「他の人の『いいね』の数や傾向」よりも、「過去の自分の『いいね』の数と傾向」と比べるのなら、他の人に対し変な嫉妬心や見下す気持ちは出ないので、真っ直ぐに「自分を見つめ直すこと」が可能です。「自分は以前より、恋愛が上手くなったのか」とか、「以前より、人とのトラブルは少なくなったのか」とか、「以前より、たくさん本を読むようになったのか」とか、そうやって「以前の自分」をライバルにしたほうが、前向きな目標を立てられる気がします。

もちろん目標としている人やライバルがいて、それによって高め合う関係性も素敵だと思います。でも、これだけSNSが普及してしまうと、他人のことが可視化されすぎて、必要以上にだれかと比較してしまう感じがします。もし誰かに嫉妬していたり、比較することに疲れていると感じたりしたら、「以前の自分と比べる」を試してみませんか？

嫉妬は本当にエネルギーになるのか？

すごい人たちはみんな嫉妬している

最近僕がメディアなんかにちょっと露出していることに対して、先日、常連のある有名人の方が、「林さん、いい感じじゃないですか」って、わざとちょっと嫉妬っぽく言ってくれたんです。正直、人気者から嫉妬されるのって、すごく嬉しかったんですよね。

嫉妬って、まず自分と同じジャンルの人に対してします。例えば同じSNSでも、Twitterのフォロワー数を気にする人は、自分よりTwitterのフォロワー数が多い人には嫉妬しても、Instagramのフォロワーが多い人のことはあまり気にしません。もちろん同様に、Instagramのフォロワー数を気にする人は、Twitterを気にしません。比較するジャンルが重なったときに、「え？　あんな投稿なのにどうしてフォロワーとか『いいね』が多いの？」みたいな感じで嫉妬します。

ジャンルが違えば、そういう嫉妬ってあまりありません。例えば僕、飲食業界の人からたまに、「なんだあいつ、調子に乗りやがって」って叩かれるのですが、ＩＴ関連の仕事をしている人や大工さんから叩かれたことはありません。

だから、その有名人の方が僕に嫉妬心を見せてくれたのは、同じジャンルで比較対象になると思ってくれているからなんだ、と感じました。あ、そう思ってくれたんだ、嬉しいなと思いました。

有名な話ですが、手塚治虫って「若くて才能がある人」にすごく嫉妬したそうなんです。宮崎駿や石ノ森章太郎に嫉妬して、「あんなのマンガじゃない」とか「あの作品に賞はやらない」って言ってるんです。

手塚治虫なんて大御所だから、もっと堂々として、「若い人はいろんな冒険的表現ができて素晴らしいね」って大きく構えていればいいのに、全然そんなことできなかったんです。「自分も同じリングで戦っている」っていう現場感覚、同時代感覚があり、ライバルだという気持ちをいつまでも持っていたのでしょう。その嫉妬心を、「よし、俺だって負けないぞ」っていう自分へのエネルギーにして、あの素晴らしい作品群を描いたんだと思います。

冒頭の有名人の方も、たぶんその嫉妬心をエネルギーにしてがんばっているんだと思います。嫉妬ってどうしても「みっともないもの」「恥ずべき気持ち」って考えてしまいますが、実はそうやって「自分を奮い立たせるエネルギー」に変えることもできるんですよね。

実際に嫉妬をエネルギーにするとどうなるのか？

でも最近、「嫉妬をエネルギーにしてがんばればいい」というのは、そんなに簡単なものでもないんだな、と思い始めました。嫉妬って、確かにエネルギーになるし、がんばる理由になります。でもそれ、「能力がある人」に限定した話なんじゃないかと思ったんです。

例えば、Aさんの中に「Bの奴、なんか最近仕事がうまくいって目立ってるなあ」という嫉妬心が芽生えてきたとしますよね。Aさんはその嫉妬をエネルギーにしてがんばろうとするのですが、人にはどうしても「能力」というのがあって、どれだけがんばっても相手に追いつくこともできないってことがあります。というか、そもそもBさんが実力で上を行っているのだから、ほとんどの場合AさんはBさんに追いつけません。

そうなってくると、Aさんが嫉妬をエネルギーにしてがんばり続けるうちに、Bさんに執着し始めてしまうんです。もうBさんのやることなすこと、全部気になってしまいます。Aさん、もっと自由に他の世界も見ればいいのに、Bさんのことばかり考えちゃうんです。

嫉妬でがんばっている限り、「自分にはBほどの能力がない」って認めることができないから、Bさんが何か良くないことをして結果を出しているのかも、とか、Bさんがうまくいく世の中が間違っているんだ、という方向に行ってしまいがちです。執着が強ければ強いほど。

このような思考になると、Aさんは自分の欠点にも気づけなくて、どんどんダメになっていきます。実際僕もこのパターン、たくさん見てきました。自分の嫉妬心に飲み込まれて、溺れてしまって、見えなくなって、沈没してしまうんですね。

そういう人、多くないですか？「なんであいつが？」っていう嫉妬心でいっぱいになって、その「あいつ」にずっと執着してしまって、沈没してしまう人。

嫉妬ってうまく使えばすごくエネルギーになるけど、多くの場合、人はそんなに能力がないから、結局嫉妬って、マイナスの影響のほうが大きい感情なんだろうな、と思いました。

あ、これ、もちろん「自戒」をこめて書いてます。僕、すごく嫉妬深いから、だれかに嫉妬しそうになるたびに、このことを考えるようにしています。もしあなたもだれかに嫉妬しそうになったら、ちょっとこのことを考えてみてはどうでしょうか。

あいつも偉くなったなあ

有名人の知り合いを自慢する人が使う定番のセリフ

僕、三一歳の娘がいまして、お正月明けに娘が年賀状を見ながら、「あの人から来た、あの人から来なかった」とかいろいろ言ってたんですね。

自分の経験からすると、三一歳くらいの頃って、ライフステージがどんどん変わっていく時期だと思っていて、知人や友達と疎遠になったり、逆に新しく出会った人と親しくなったりする頃なんだと思います。それで、まあ大人のアドバイスとして、「人間関係って流動的だよ」と声をかけてみたんです。

ｃａｋｅｓの連載でも何度か書いていますが、僕は「人間関係は固定されてしまうのが一番苦しい」と思っているんですね。学校の中の閉じた教室、どうしても嫌な上司がいる職場、血の繋がりに縛られる親子や親戚、とにかく「この人間関係が永遠に続くのではないか？」と思うと苦しくなってしまうんです。

だから、「そこからいつでも逃げ出せるんだよ。他の場所にあなたを迎え入れてくれるところがあるよ」ってことを、なるべく伝えたいと思っています。もしどうしようもなくつらいなら、逃げ出したほうが楽です。人間関係って流動的でいいんです。

ところで、固定された人間関係から意図せず抜け出ることもあります。例えば出世して栄転したり、いい会社に転職したり、本が大ヒットしたり、メディアに出て有名になったりする場合です。そういう場面では必ずそれまで近くにいた人はこう言います。

「あいつも偉くなったなあ」

有名人の知り合い自慢をする人にとっては定番のセリフです。「昔は、なんにもわからないあいつの面倒を見てやったんだよ」みたいなことを言います。最近はＳＮＳでも、「ええ？　あいつが先生？　あいつが人に何か教えるようになるなんて」みたいな言葉、たまに見ませんか。

どうしてこのセリフを言ってしまうのか？

どうしてあの「あいつも偉くなったよな」を言ってしまうのでしょうか。思いつく原因としては、「嫉妬」がありますよね。昔は同じ共同体で、同じような位置にいたのに、置いていかれてしまったという自覚から出てくる言葉なんだと思います。「引きずりおろしたい」と思っている人もいるかもしれません。

地方出身者が都会で成功できたときに、地元に戻るとそういう扱いを受けて嫌な気持ちになる、という話をよく聞きます。「東京弁使って、偉そうにしているけど、昔はあいつも大したことなかったんだぜ」というような。揶揄ややっかみでしょうか。もうこれは仕方ないとしか言いようがないですね。「あなたたちが努力しなかったからでしょ」なんて言い返したら喧嘩にしかなりません。

あるいは、賞をとったり、デビューしたり、ヒット作品が生まれたり、テレビに出たりすると、昔の友人や親戚から、すごくたくさん連絡が来るそうなんですね。全然会ったことのない親戚とか、「たしかに同級生だけど話したことあったっけ？」って人とか、新卒でほんの少しだけいた職場の上司とか、ありとあらゆる人から連絡があるそうなんですが、そこでこぞって言われるのも、「おまえ、偉くなったなあ」とか「何かやるような気がしてたよ」というセリフなんだそうです。

これは有名税と思うしかなさそうですが、近年はSNSが普及したせいで簡単に繋がってしまったり、直接連絡が取りやすかったりして、「昔から知ってる俺コメント」がバンバン飛んできそうですね。


他にも、「自分は、まだ売れてない頃からあのアーティスト、あるいはアイドルに目をつけてた」っていう、あの意味のない自負、ありますよね。こういうことを言うのは、そんな自負からくるマウンティングなんでしょうね。

あのファンのメンタリティって、アーティストやアイドル側からすれば「ありがたいのは、ありがたいけど、たくさんいるファンの一人」なんだけど、ファン側は「自分は昔からファンだった」というのを他のファンに対するマウンティングに使ってしまい、ちょっと困ったことが起きるというのをよく耳にします。

テレビなどにも出ている、とある有名な方に聞いた話で、「まだ売れてなかった頃にすごく応援してくれてた人がいて、ＳＮＳのＤＭが来てもちゃんと返事してたんだけど、さすがに忙しくなってきて、何回か既読スルーしてしまったら、いつの間にかその人はアンチになってた」ということがあったそうです。なるほどなあ。元ファンがアンチになるって、そういうことなんですね。

お店をやっている方なら、「俺、この店は開店当初から通っているんだよね」というマウンティングを他のお客様にする常連の存在に困ったことがあると思います。これって飲食店でよくある話なんです。「ここの店は昔から知っている」とか「ここのオーナーとはこれだけ仲がいい」というのを見せて、マウンティングするわけです。

いや、自分も気をつけないといけないですよね。友人間でも「ずっと前から仲が良かった」とか「あなたより前に知り合った」とか、そういうマウンティングの例はよく耳にします。

あなたは「あいつ偉くなっちゃったなあ」って言葉、言ってませんか？　僕はよく言っていたことに気がついたので今回の原稿を書いてみました。自戒をこめて。

わからないことをすぐに検索しない

わからないことを検索しないほうがいい理由

先日、うちの一七歳の犬を病院に連れて行った帰り、妻に「(犬がいるから) 駅のホームまではエスカレーターにする?」と聞いたところ、妻が「エスカレーターとエレベーターがどっちがどっちかわからない」という状態になってました。

エスカレーターとエレベーター、どっちがどっちかごっちゃになる人、多いですよね。と言いながら、僕も以前はそうでした。あるとき、私立学校の「中学、高校、大学とエスカレーター方式で上がっていく」という表現に気づいて、区別できるようになったんです。

だから、「私立学校のエスカレーター方式をイメージすれば?」と妻に提案したんですが、「そのシステム、エレベーター方式っぽい感じもするからダメ」とのことでした。妻に「英語ネイティブの人もごっちゃになってるのかな？」って聞くと、「英語の人はエスカレートっていう動詞があるから、違うイメージなんじゃない？」とのこと。なるほどです。

ところで、最近はこういう「どっちがどっち？」が起こったときって、スマホで検索するのでしょうか？　しそうですよね。いやほんと、有名人の名前が出てこないときも、昔は「誰だっけ。ほら、あのドラマに出てた人」って大騒ぎして、友達に電話までしちゃったりして、「そうだ。わかった！」っていうのが楽しかったのですが、今はすぐ検索ですよね。

検索、便利だけど「やめたほうがいい」と常々思っているのですが、ええと、ガンコおやじの小言みたいでしょうか。というのも、こういう状況があるからなんです。最近、僕がカウンターで、「このオレンジワインは〜」って言うと、その場でスマホで「オレンジワインとは」と検索する人がたまにいるんですね。

検索したら確実だし、間違えて恥をかかなくていいけど、「目の前の僕」に、「オレンジワインって何ですか？」って質問したほうがいいと思うんです。これ、「インターネットを鵜呑みにするな」ってことではありません。

情報の確かさという意味では、僕のオレンジワインの説明のほうがあやふやかもしれないし、もしかしたら僕のバイアスがかかっている可能性もあるから、一〇〇パーセント正確ではないかもしれません。でも、あえて、「人との会話」で情報を入手したほうがいいと思うんです。

たぶん、インターネットには、オレンジワインの紹介として「美味しい」「不味い」なんて書いてあることはありません。でも、僕との会話だと、お客様が、「え？　そのオレンジワインって美味しいんですか？」っていう質問もできますよね。

「美味しい」「不味い」が紹介として書かれてないのは、当然「人によるから」なんですが、僕がその質問をされたら、その方の雰囲気を見て、「うーん、美味しいって結構難しくて、人によるんですけど、濃い白ワインって美味しく感じますか？」って質問すると思います。

その質問に対して、また「濃い白ワインってどういうワインのことですか？」って、質問を返すことができます。そして僕が、「口に入れたときに、さらさらって入っていく軽い味わいではなくて、濃い白ワインってこってりしてて、ふくよかで、オイリーな味わいなんですけど、そういう白ワインは好きですか？」という風に話すことによって、お互いの知識や情報や感覚を交換しながら、「オレンジワインって何なんだろう？」ってことに、近づいていくんです。

自分と自分の仕事を切り離す

僕はこういう、会話でお互いの情報や感覚を交換して、少しずつ、何かのイメージを作り上げていくのって、すごく「クリエイティブな行為」だと思います。僕とお客様との間で、「新しい物語」を作っているんです。

漫画家の藤田和日郎《かずひろ》さんの『読者ハ読ムナ（笑）』という本がありまして、藤田さんは作業場で、アシスタントに「無口禁止」っていうのを掟にしているらしいんですね。例えば、アシスタントが「おはよーございます」って入ってきて、藤田さんが何か人形を触っていたとすると、「なんすか？　何やってんすか？」って興味を持って話しかけてほしいそうなんです。そうやって常に、周りのことに興味を持って話しかけるという行為が、「マンガを創作すること」に繋がるそうです。

あるいは、映画を見てみんなで話すことも強要しているそうなのですが、どこが良かった、何に感動した、どこがつまらなかったってことを話し合うのって、「自分と自分の作品を切り離す訓練になる」そうなんです。

自分の作品、あるいは自分がやった仕事に対して、「全然ダメだな」って言われると、すごく傷つきますよね。自分の作品や仕事って、「自分と同じ存在」だと、僕たちは錯覚しやすいからなんです。

でも、そこで傷ついていたら、自分の作品や仕事は、「より良い方向」には行きません。まるで誰かの作品や仕事のように「見られるようにすること」によって、自分の作品や仕事を、より良い方向に持っていけるわけです。

だから、映画を見て、何が良いのか、何がダメなのかを話し合うことを強要しているそうなんです。これは、仕事やお店、サービス、なんでも同じですよね。他の何かを評論する訓練をすることによって、自分の仕事も、客観的に評論できるようになります。

検索して、誰かの解説、誰かの評論を読んで、「わかった気持ちになる」よりも、誰かと意見をぶつけ合うことによって、「見えてくるもの。浮かび上がってくる物語」ってあります。検索はやめて、目の前の人と話し合ったほうがいいと思うんです。ガンコおやじの小言に聞こえたら申し訳ありませんが、僕はそっちのほうが「創造的」なんだと思います。

人を不幸にするSNS

スマホはなくても困らない

僕、実はスマホも携帯電話も持っていないんですね。これ、とにかく自分のこだわりでして、これから一生持たないつもりなんです。bar bossaは一九九七年の開店なのですが、実はその時期、さすがにお店のことで緊急の連絡があると困るから携帯電話を持ったんですね。開店当初は月曜から日曜まで、とりあえず一年間くらい毎日営業して、一番売り上げが悪い日を定休日にしてみようと考えてたんです。でも半年後くらいに一日だけ臨時休業にして、妻と鎌倉に遊びに行ったんですね。それで落ち着いたレストランで食事をしていたら、僕の携帯電話がなりまして、大急ぎで外に飛び出して会話をすると、本当にどうでもいい内容の電話でして、その瞬間、携帯電話は一生持たないって心に決めました。

よく「待ち合わせはどうしてるんですか？」って聞かれるのですが、携帯電話がなかった頃、待ち合わせは「三時に渋谷の駅の改札で」とか「一二時にジュンク堂の雑誌売り場で」とかって決めると、ちゃんと待ち合わせできましたよね。もちろん今でもその方式でなんにも問題ないです。

「携帯電話がなくて困った事ってないんですか？」っていうのもよく聞かれるのですが、この二〇数年間の間で一度だけ困ったことがありました。夜の九時に、ある対談の仕事がありまして、ある編集部のオフィスが対談場所だったのですが、そのオフィスが入ったビルの入り口に僕が行ったところ、もう完全に閉まってまして、管理の人もいないんです。編集部の人は僕が下から携帯電話で電話してくると思っていたみたいで、「うわあ。困った。そろそろ約束の九時だし、どうしよう」と思っていると、そこに対談相手が到着して、「あれ？　林くん、どうしたの？　なんで中に入ってないの？」と言われて、助かりました。

「メールとかＳＮＳとかはどうしてるの？」と聞かれるのですが、パソコンで問題ありません。それで困ったことは一度もありません。唯一LINEは携帯電話の番号が必要なので、アカウントが持てないのですが、LINEをやっていないということで困ったことはありません。というか、LINEやってなくてほんと良かったとよく思います。みんな既読になったのにとか、グループとかスタンプとかすごく大変そうで、ほんとあれに関わらなくて良かったなあと思います。

本当にその情報必要ですか

携帯電話あるいはスマホって、すごく便利なのはわかっているんです。お店のお客様の中に、たまにカップルでスマホを手元に置かずにずっと鞄の中に入れたままの人たちっているんですね。でも、どちらかがお手洗いに席を外したときって、今はほとんどの人がスマホを出して大急ぎでいろんなメッセージアプリなんかをチェックしますよね。それってバーでしなくても、家に帰ってからでもいいのではってカウンターの中から見て思うんです。以前、「誰かと食事するときは、スマホの電源は切ってますよ。それが相手へのマナーだと思ってますから。私が誰かと食事をしているときは電源を切ってるってみんな知ってるし、評判いいです」という話をしていた女性がいて、ほんとそういうのっていいなあと思います。

あるいは、「ほら。あの俳優なんて言ったっけ？　こういうドラマの脇役で出ていて、あのモデルと噂になって」っていう飲み屋でよくある会話ってありますよね。そういう場合って、もちろん今はスマホで検索したら一発なのですが、それ、検索しないから楽しいんです。僕にも「マスター誰でしたっけ？」って聞いてきて、僕が隣のお客様に「誰でしたっけ？」って聞いたら、「それ、浅野忠信ですか」とかって答えてくれて、「そうそうそう！」って盛り上がるあの瞬間を共有できないって本当にもったいないです。もったいないおばけが出ます。

そしてこれはもうみんな知っているかとは思いますが、スマホって今世界で最大の時間泥棒です。「本当にその情報必要ですか」というようなのをずっとずっと見続けていますよね。ＳＮＳを投稿したらそれに「いいね」がついたかどうか、コメントが来たかどうか、あの人はちゃんと見てくれているかどうか、あの人が見てくれていないのは一体どうしてなのか、あの人のＳＮＳに飛んで今ログイン中かチェックしてみなきゃとか、ほんと大変ですよね。あるいはこれも知っていると思いますが、全てのSNSが人を不幸な気持ちにさせるようですし、人によっては鬱の原因にもなるんですよね。

本当にスマホは今すぐやめたほうがいいです。それができないならせめて、人と会っている間は電源を切って鞄の中に入れておくようにしたほうがいいと思います。スマホがなければ、もっともっと楽になれるし、時間がたっぷりできるので、本を読んだり、誰かと話したりできますよ。

人の心もグラデーション

お宝を偽物判定されたお婆ちゃんを見ていられない

先日ネットで、ある発達障害の方の記事を読みました。

この方は、早稲田大学政治経済学部を卒業して出版社に就職するも長く続けることができず、がんばって試験を受けて公務員になっても長くもたなかったそうです。辞めたあと、注意欠陥障害（ADD）と自閉症スペクトラム（ASD）とわかった、という記事でした。

「言語理解」の能力は高いけど、「知覚統合」は低い。視覚からの情報をうまく処理できなくて、地図や図表やグラフを読むのが苦手。ケアレスミスが多く、スケジュール管理、マルチタスクが苦手。場の空気が読めない。人と「おもしろい」と感じるところが違う――なんか僕、この人にすごく共感してしまうんです。

僕、たまに空気が読めなくて言ってはいけないことを言ってしまうし、人と面白いところが違うと感じることがしばしばだし、お店で同時に注文とか仕事が入るとパニックになるし、グラフとか図表とかが出ると何もわからなくなり、ワードとかエクセルとかを一生理解できる気がしません。何百回も通っているのに、未だに新宿の地下がどうなっているかもわかりません。

この方ほどではないけど、この方との共通点は感じます。もしかしたら僕も、診断してもらったら何か名前が付くのかもしれません。

最近HSPが話題ですよね。「Highly Sensitive Person」の略で、関連する本がベストセラーになったり、これをテーマにドラマが作られたりしています。「情報を深く処理する」とか「刺激を強く感じやすい」とか「小さな変化に敏感」とか「感情反応が強く共感力が高い」という特徴があるそうです。

これ、思い当たる人多いと思うんですよね。例えば僕は、テレビや映画でつらいシーンが流れると耐えられなくなるんです。演出ってわかっているのですが、すぐに消してしまいます。わかりやすい例を挙げると、「お宝」を鑑定する『開運！なんでも鑑定団』が好きでよく見るのですが、人が良さそうなお婆ちゃんの持ってきた壷が、「ニセモノ！二〇〇〇円！」って鑑定されてお婆ちゃんの曇った表情が映されると、すぐにテレビを消します。

あるいは最近は、「サイコパス」という言葉が一般的になりましたよね。人の痛みがわからなかったり、抵抗なく人を操ったりダメージを与えることができたり、自己中心的でナルシシストだから、経営者には多い、という説も耳にします。お店で接客していても、確かにこういう人、います。でもその人たちも極悪非道ってわけではなく、友達もたくさんいて、社会生活をうまく送っています。

僕たちは何を目指すべきか

で、僕も診断を受けてないだけで何かあるのかもしれないのですが、まあ一応、社会生活はできているわけです。僕の場合はちゃんと飲食店を続けられて、幸運にもこんな風に文章を書く仕事もたくさんやっています。

でも、こういうことでうまくいってない人のほうが多いですよね。僕だって、最初に会社勤めしていたら、今どうなっていたかわかりません。たぶん、こういう心の気質の問題は人それぞれ症状の重い軽いがあって、表れ方も違って、得意分野も少しずつ違って、って感じのグラデーションなのではって思うんです。

「性」はグラデーションで、簡単に男と女の二つに分けられないように、「心」もグラデーションで、みんなそれぞれにいくつかの「欠陥」があって、それが人によって暴力性が強すぎたり、人によっては過敏すぎたりするんでしょうね。もちろん、反社会的な人や暴力的な人はだめですが、みんなそれぞれ少しずつ、「弱い部分」や「過剰な部分」や「欠けている部分」がグラデーションとしてあるから、実は「普通の人」っていないのかもしれません。

背が高い人や、太った人や、小柄な人や、痩せた人なんかが世の中にはいますが、もちろん体型もグラデーションです。でもその平均値をとって、「中肉中背の人」とは言っても「普通の人」とはあまり言わないですよね。「勉強ができる」とか「足が速い」とか、

「プレゼンが下手」とか「お酒が飲めない」とかもグラデーションがありますよね。どこかに「普通の人」や、ましてや「完璧な人」がいるわけではありません。

そして、僕たちが目指すべきなのは、そういう人を区別したり排除したり無視したりいじめたりすることではなくて、みんなで「人の心はグラデーション」というのを共有して、どんな人でも「適した場所」で「適した人間関係」が築けるよう、模索すべきではないかと思っているのですが、いかがでしょうか？

人の魅力と年齢の関係

若い人に価値があるという風潮

一〇年くらい前のこと、ある五〇代くらいの常連のお客様が、「今日は若い人たちをたくさん連れてきましたよ」ってすごく得意そうにおっしゃりながらお店に入ってきたことがあったんです。ああ世の中変わってしまったなあと思いました。

実は開店当初、bar bossaの入り口の黒板に「若い方お断りいたします」って書いて営業していたことがあったんです。bar bossaが開店した一九九七年頃から東京ではカフェブームというのがありまして、僕のお店はバーなのに、外観がカフェっぽいからなのか、二〇歳くらいの若い方がたくさん入ってきて、ジンジャーエール一杯でずっと居座って満席になって、一万円のワインを注文してくれる年輩のいいお客様を断らなきゃいけないような悲しい状況になってしまったんです。もうこれは若い方は最初からお断りしようと思って、入り口に「若い方お断りいたします」と表示したというわけです。

もちろん渋谷って「若い人の街」というイメージだと思うのですが、本当はＮＨＫやＩＴ企業などで働いている大人がたくさんいる街でして、そういう大人たちが落ち着いてワインを飲めるバーがなかったので、そういう人たちが集うお店を目指していたんですね。当時はよく「大人の隠れ家」という特集なんかで紹介されました。

それが、一〇年くらい前に冒頭のお客様のように、「若い人たちを連れてきましたよ」と得意げにおっしゃる状況に変わったというわけです。

つまり「若い人のほうが偉い、価値がある」ってこの人は思っているんです。この風潮っていつ頃からだったんだろうってよく考えるんですね。やっぱりインターネットの普及って大きい気がしています。最新のネットのサービスを理解して、それを自由にあやつることができるほうが偉い、世の中をよく知っている、という雰囲気に途中から変わってしまいましたよね。だからコンピューターに慣れている若い人のほうが偉い、となんとなくなっていったのかなあと思います。

その時期に「美魔女」という現象も流行ったように思います。四〇代、五〇代になっているのに、まるで二〇代、三〇代の若い女性のような服装やメイクをして、「ええ？ほんとは四五歳？　見えない！」という女性がもてはやされましたよね。若く見える、若い人と張り合っても十分モテるというのが「魅力」という風になりました。

周りの目を釘付けにした六〇代半ばの女性

以前、妻と青山墓地の隣の、お菓子屋さんがやってるカフェでお茶を飲んでいると、六〇代半ばかなって女性が入店してきまして、彼女、髪の毛がつややかな真っ白のショートのボブで、すごく手入れがしてあるんだなあって髪質で、服も「ああいうのどこで売ってるんだろう」って感じの形の変わったお洒落な服だったんです（すいません。服の描写がどうしてもできなくて）。

妻も、「うわああ、お洒落〜」って見入ってまして、まあそのカフェ中の人たちの視線が、その女性に釘付けなんです。そのとき、若くて可愛い女性二人組とか、カッコいい彼氏といるモデルみたいな女性もいたのですが、完全にその六〇代半ばの女性の勝利でした。

やっぱり僕らがついつい彼女を眺めてしまったのは、彼女が自分だけの世界観を持っていたからだと思います。若い女性と張り合ったり、男性の目を惹こうとか全然思ったりしていないですよね。だからこそ、若い女性たちが「えええ！　カッコいい！　私もあいう風になりたい」って感じていたはずです。

男性の僕としても、彼女はどういう職業の人で、どういう場所であの服を入手して、どういう風にあの髪を整えていて、どういう生活をしているんだろうってすごく気になりました。他の、周りにいた可愛い若い女性たちには全くそんなことは感じなかったのに、です。


世の中いつの間にか「若いほうが偉い、若く見えるほうが魅力的」というような風潮になってしまいましたが、その彼女を見て、それはやっぱり間違っているんだなと感じました。

僕はずっと渋谷でバーのカウンターの中にいて、「うわあ。この女性、素敵だなあ」って感じるのは、そういう「自分の世界があって、若い女性と張り合っていない、むしろ若い女性が憧れる雰囲気」がある人なんです。

若い頃は宝石は似合わないけど、年齢を重ねると似合うようになるってよく言われますよね。そういう「年齢を重ねないと似合わないもの」って世の中にたくさんあって、例えば「男性の和服」って若いときは着こなすのって難しいけど、年齢を重ねると様になってきますよね。

そしてそういうのって、「自分はこういうのが似合うんだなあ。この格好をすると誰にも負けない。自分らしい」っていうのを探し出した結果なんですよね。

男性でも、若い頃はそんなにカッコよくなくてモテなかったのに、年齢を重ねて良い雰囲気になってきて、って人いますよね。そういう自分らしさを作り上げて、カフェやバーなんかで「あの人素敵だなあ」って思われるような人になりたいものですね。ほんと年齢なんて関係ないと思うんです。お互い頑張りましょう。

止まらない承認欲求への対処法

二一世紀最大の発明は「いいね」？

人間が発明したモノで、スゴいのは何か、って感じの文章を読むのが好きなのですが、大昔の話だと、「火」とか「言語」とか「数字」とかが言われますよね。そして、少し時代が進むと、「農業」とか「火薬」とか「貨幣」とか、そういう感じになります。時代は飛んで、最近だと「原子力」とか「DNA解析」あたりがすごかったりするのでしょうか。

では、インターネット出現以降の発明で、「これがスゴい！」って思うのは何かと聞かれたら、あなたは何を挙げますか？　「やっぱりスマホはすごいよ、何もかもがこの中に入ってしまったから」とか、「SNSはすごいよ」とか、「動画配信はすごいよ」とか、まあいろいろありますよね。

僕が個人的に、一番すごいと思うのは「いいね」なんです。こいつ、スゴいですよね。ほんと、何を投稿しても、「いいね」の数が気になりますし、誰が「いいね」を押したかついついチェックするし、こっちが好意を持っている意外な人が「いいね」を押してくれたらすごく嬉しいし、知らない人が「いいね」を押してくれたら「誰だろう？」と思って見に行くし、いつも「いいね」を押してくれる人が押してくれないとすごく気になるし、ほんと「いいね」を思いついた人ってスゴいと思いませんか？

「いいね」ってタダでできるし、誰でもできるし、まあこの人との関係上押しておいたほうがいいなって気持ちでもやるし、実は「本当の所の『いいね』の実力」って大したことないってみんな知っているのに、まあ気になります。「いいね」が五〇になれば嬉しいし、五〇〇になればもっと嬉しいし、五万になるとクラクラしますよね。すごい麻薬的存在なんです。ほんと、今、世界でせーので、「いいね」禁止にしたら、みんなスマホをチェックする時間がどーんと少なくなって、他の有意義なことに使えるはずです。

まあ要するに「承認欲求」っていうやつですよね。もう僕たち、どういうわけか、他人から「いいね」って誉められたいんです。そんな承認欲求は捨てなさい、自分自身を見つめなさい、って言われて、頭ではわかっていても、「あれ？　今回、『いいね』が少ないなあ」って気になります。もうわかりました。僕たちは承認欲求から逃れられないんです。

「綺麗！」「可愛い！」って言われたいし、「あなたの作品、最高！」って言われたいし、「え？　そんな素晴らしい仕事をしてるんですか。すごいですね！」って言われたいし、モテたいし、ちやほやされたいし、評価されたいんですよね。

承認欲求を満たす場所をいくつか用意しろ

その、「『いいね』が気になりすぎる問題」に関して、「承認欲求を満たす方法をいくつか用意しろ」という発想を先日、教えてもらいました。例えば、「綺麗、可愛いって言われたい」という承認欲求にずっと取りつかれてしまって、鏡ばかり見てる人っていると思います。そうなると、「もっといい化粧品買おうかな」とか「ああ、やっぱりこの髪型、違った」とか「整形したほうがいいかな」とか、ずっとグルグル自分の美醜について考えてしまいますよね。

だったら、分野の違う別の居場所を用意したほうがいいんです。例えば、短歌の会に入ってそこで短歌を作って評価してもらうとか、語学を習ってそこで評価されるとかといった、別の場所で違う評価軸で評価されることが大事なのだそうです。

承認欲求って、どうやら「代替可能」なんです。こっちで評価されなくても、こっちで評価されたらもう大丈夫、って人の心は設定されているようなんです。要するに、別の分野で評価されたら、人って気持ちが安定するんです。

子供は「学校が世界の全て」と思ってしまいがちです。そこでイジメられたり、そこで良い成績がとれなかったり、そこですごく恥ずかしいことをしてしまったりすると、「この世の終わりだ」って感じたりします。そういう子供には「学校以外にも世界はあるよ」って見せてあげるわけです。学校と家以外のサードプレイスを用意してあげると、子供は「この世の終わり」から抜け出せます。

同じように、ネットの中の「いいね」ばかり気にしていると、ネットの中が全てになってしまいます。ずっとネットの中に住んでしまっている人、いますよね。「いいね」がつかない、「いいね」が増えた、この人はいつも「いいね」してくれるから、こっちも「いいね」しなきゃって感じでずっと巡回している人っています。

ネットの中以外にも世界は広がっています。外の世界でたくさん評価されると、『いいね』の数」が気にならなくなるようです。ネット以外でもそうですね。限られた集団の中だけにいると、その場所の中の評価だけで「心がいっぱい」になってしまいます。外に出て違う集団に入りましょう。

承認欲求を満たしたければ、例えば身近な人から感謝されるとか、仕事で達成感を持つとか、いくつか別の方法を用意することです。これ、僕たちに今、一番必要ですね。

「自分の感情を殺すか、相手の考えを殺すか」の日本人

飲食店で客が他の客に話しかけたときに生じるトラブル

全世界の、飲み屋で働いている人なら、全員それで困った経験があると思うのですが、「お客様が、別のお客様に声をかけた際のトラブル」っていうのがあるんですすね。

すごくわかりやすいパターンですと、カウンターで女性二人組が楽しそうに恋の話なんかで盛り上がっていますよね。そこに、隣に座ったおじさんが声をかけるというものです。これ、日本人女性二人組に特徴的なんですが、そのおじさんのつまんない話に合わせてしまうんです。おじさんが「俺、こんな仕事したんだ」とか「俺、こんな冒険したんだ」とかって自分の話ばかりしますよね。それに対して、話を合わせてしまうんで

すね。そして、その二人組は、二度とうちのお店に来ないんです。

これ、他の国の人だと、「あ、すいません、今、私たち、大事な話をしているので、話しかけないでください」って言うんですね。日本と同じ東アジアでも、中国人女性や韓国人女性は言います。ブラジル人女性だと、そういうナンパ的なのが経験上多いからなのか、「また、どこかで会ったら、そのとき話そうね！」みたいな上手い断り方なんかもします。でも、日本人女性はそうせずに「二度とその店に行かない」を選びます。

もちろん違うパターンもありまして、男女二人組が楽しそうにカウンターで話しているときに、その二人に話しかけるっていう人もいるんです。これ、経験上三〇代後半から四〇代の女性に多いです。もちろんその二人も話を合わせるんです。会話が楽しければ、バーとしては問題ないのですが、全てがそううまくはいきません。二人だけだとすごく盛り上がってたり、「ロマンティックな雰囲気」だったりするのに、それを壊しているときもあります。

実際、僕自身も、飲食店のカウンターで隣の人に話しかけられたら、まあ話を合わせます。「あの、話しかけないでもらえますか」とかって言えません。

これ、要するに僕たち日本人は「空気を読んでしまうから」なんです。そこで断って、「嫌な空気になってしまう」というのを一番恐れるんです。空気、壊したくないですよね。みんなが和気あいあいでいたいですよね。僕たち、みんなの和気あいあいのために、自分の感情を殺してしまうんです。

僕が観察する限り、他の国の人たちは「話しかけないで」って言えますし、それで嫌な雰囲気になっても、大して気にしていないようなんです。帰国子女とか、海外勤務が長い人とか、職場に外国人がたくさんいる人とかは、はっきりと言う人多いですよね。やっぱりこれ、僕たち日本人の、日本人だけでいるときのことなんです。

空気を読むことを強いられる社会

「会話を対立させない」っていうのも、僕たち日本人の「空気を読むときの作法」ですよね。「わかるわかる」「あるよね、そうそう」ってついつい言ってしまうんです。

逆に、カウンターで困るのは、会話がぶつかったとき。日本人って「喧嘩」になるんです。意見が違う、意見がぶつかるっていうことは、喧嘩状態ということなんです。

お互いに意見が違うときに「あなたはそう考えるんですね。でも私はこう考えます」とか、「あ、そう考えることもできますね。納得です。でも私は……」とかって感じで、落ち着いて意見をキャッチボールできないんです。「そうだよね」って空気を読んで自分の感情を殺すか、相手の考え方を殺すかなんです。

「出る杭は打たれる問題」もあります。周りより目立ってしまうと、どうしても日本人は、「なんか最近、あいつ調子に乗ってる」って言われて、叩かれますよね。

これ、僕が海外に住む友人たちから聞いた話では、日本人特有の現象なのだそうです。例えば韓国では目立つと周りが応援するそうですし、中国でも成功するとその周りの人は成功者からポジションや権利や利益を得られるから、まず応援するそうなんです。出る杭が打たれるのはもしかして、日本だけかもしれません。

やっぱり空気を読むのが全ての僕たちは、「一人だけ目立って、一人だけ得するなんてずるい」って考えてしまうのでしょう。

小さい頃から、はっきりと断る練習、意見が違っても喧嘩にならないでちゃんと自分の意見を相手に伝える練習、周りと違って目立っている人を応援しようと思う練習、必要ですよね。そのためにまず、「空気を読む」のはやっぱりやめてしまってもいいと思いませんか？

人間関係で同じ失敗をしない唯一の方法

「誰と結婚しても同じ」は本当か

僕、ｎｏｔｅというプラットフォームで、読者から質問を受けて、それに答えるっていうのをやっているんですね。そこで四〇代既婚女性からこんな質問を受けました。

「四年前に学生時代の元カレと再会、恋愛関係にある。向こうも既婚でお互い子供がいる。学生時代には自分が彼を振ったけど、今ではそれを後悔するほど純粋に恋している。お互い今の配偶者と離婚するつもりはない。

彼と結婚していたら違う未来があったのかとよく妄想するが、自分が変わらなければ、誰と結婚しても同じような気もする。林さんはどう思いますか？」

なるほど。実際に昔付き合った彼と再会して、純粋に恋をしても、「結婚は誰としても同じ」という風に感じるんですね。

僕のｎｏｔｅの文章、たくさんの若い男女の方たちが読んでくれているのですが、ほとんどの人が、彼女のこの質問の言葉を読んで、「そんなことない。タカシ（仮）と結婚するのと、ヤス（仮）と結婚するのと、同じわけがない」って感じていると思うんですね。

正直、僕もそういう風に思います。僕、妻を含めて結婚前に付き合った女性が三人いるのですが、あの彼女と結婚するか、あるいはあの彼女と結婚するか、あるいは今の妻と結婚するかで僕の人生や結婚生活はずいぶん違っていたのではと想像するんですね。

でも、結婚や不倫など「お付き合い経験豊富な方」が、そういう風に「誰と結婚しても同じでは」ってさらりと言うと、「ああ、やっぱりそうなのかなあ」って感じてしまいますね。「経験に勝るものはなし」ですね。

さて、この「誰と結婚しても同じ」という説は、「結婚本」でたまに見かけます。

内田樹が結婚本で、この件に関しては熱く何度も力説していまして。昭和のあの「お見合い制度」で良かったんだ、誰と結婚しても同じだから、周りが勧める「縁があって結婚することになった人」と一緒に暮らして、二人で家族を作っていけばいいんだ、っていうようなことを書いています。

他の婚活本でも、「ほんとつまらないどうでもいいような小さな違いにこだわって、あの人はこうだけど、この人はこうだからって言うけど、そんなの誰と結婚しても同じです。それよりも結婚した相手と良い結婚生活が送れるようにお互い努力することが大切です」っていうのを力説していたのを読みました。

たぶん、それが正解なのでしょう。彼女がいうところの「誰と結婚しても同じ」ということかもしれません。

変わるべきなのは自分

さて今度は、質問してくれた彼女の「自分が変わらなければ、誰と結婚しても同じ」という「鋭い意見」の「自分が変わらなければ」について考えてみますね。

離婚して再婚した人からよく聞くのは、「一回目の結婚のときは、自分がこういう風にしてしまったから失敗したんです。だから、二回目はそうしないことに決めたら、結婚がうまくいきました」という種類の言葉です。

その「自分がこういう風にしてしまった」の箇所は、「相手を束縛しすぎた」とか「相手を尊重しなかった」とか、いろんな状況の言葉が入りますが、要するに、「自分が変わったら、結婚生活は変わる」ということなのでしょう。

でも、多くの人は、自分を変えるのってすごく難しくて、誰と結婚しても同じになってしまうのでは、と思いました。

カウンターなんかでいろんな人に恋愛の話を聞くと、「私、毎回、同じような恋愛の失敗をしてしまうんです。毎回同じような人を好きになるし、同じように私がLINE送りすぎちゃって嫌がられて……」なんて言葉をよく聞きます。

要するに、僕たちは「自分が変わらない限りは、どんな相手と恋愛や結婚をしても、同じような結果になってしまう」というのが、正解なのでしょう。

だから、彼女の「誰と結婚しても同じ」というのは、やっぱり正しくて、僕たちは誰と結婚しても「同じような結婚生活」になってしまうのだけど、唯一、「同じような結婚生活」から逃れる方法は、「自分が変わればいい」ということなのでしょう。

毎回、毎回、同じような恋愛の失敗をしている人は、「相手が悪い」のではなくて、「自分が悪い、変わるべきなのは自分」ということでもありますね。

彼女の質問からは、僕はそんなことを感じました。

これって、結婚に限らず、全ての人間関係にも通じることかもしれないですね。

毎回、同じようなトラブルで人間関係に失敗する人がいますが、「自分が変われば」同じ失敗は繰り返さないかもです。

あなたもそういうトラブルないですか？　僕はたまにやってしまいます。仲良くなりすぎてしまって、相手との距離がなくなってしまって、変な冗談を言ってしまって、すごく嫌われたりってことが実はよくあるんです。

それを直すには、自分のほうが変わらなくてはいけないんですね。そうですか。誰と結婚しても同じなんだけど、唯一違う結婚にするには自分のほうが変わればいいんですね。勉強になりました。

第三章

いつだって厄介。恋や愛について

燃え上がるような恋がいいとは限らない

「ジャムの法則」から見えてくる、決められない感覚

先日、僕のｎｏｔｅに三一歳の男性から相談が来ました。マッチングアプリを介して七年ぶりに彼女ができたが、ふとした瞬間に「本当にこの人が好きなんだろうか」「この人と一生一緒にいられるのだろうか？」という疑問が湧くことがあるそうです。

もちろん彼女のことは好きだと感じているのですが、「燃え上がるような恋」とは程遠いようで、二〇代前半の頃の「熱にうかされるような好き」とは違って、「まあまあ好き」くらいの感覚だそうです。そのせいで結婚に迷いが生じてしまうので、どうしたら決断できるでしょうか、同年代の他のみんなもこんな風になっているのでしょうか、という内容でした。

というわけでいきなりですが、今回は「ジャムの法則」について書こうと思います。アメリカのある高級スーパーマーケットで、こういう実験をしました。

ある週は二四種類のジャム、別の週は六種類のジャムを並べて買い物客の反応を見ました。二四種類のジャムを並べたときは、棚に来た客の六〇パーセントが試食をして、六種類だと四〇パーセントしか試食をしませんでした。でも、二四種類並べた棚では試食した人の三パーセントしか買わず、六種類のほうは三〇パーセントの人が買ったそうです。

要するに、選択肢があり過ぎると、「お試し」をする人は増えるけど、それで「決める」人は減る。逆に選択肢が少ないと、「お試し」をする人は減るけど、「決める」人はグッと増えるんです。

「なるほどなあ」って思いませんか？　人間の感覚として、選択肢が多すぎると決められないものなのでしょう。かつて「出会い」というのは、職場の周辺や友達関係だけだったし、もっと昔はお見合いだけだったから、みんな迷うことなくあっさりと決めることができたのかもしれません。

だけど今は、マッチングアプリをはじめとしていろんな出会い方が用意されているので、選択肢がありすぎて、付き合ってはみるけれど、「この女性と結婚していいのかなあ」「他にもいい人がいるんじゃないかなあ」と感じてしまうのではないでしょうか。

さて、この「ジャムの法則」が認知されるようになったせいか、小売業界に「セレクトショップ」という、店側がこだわって商品を選んで並べる売り方が増えました。こうやって「信頼できる選択肢」に狭めたほうが、買う側の気持ちにも合うのでしょう。

以前、興味があって既婚男性たちに「結婚を決めた理由」というのを質問してまわったことがありました。その中で意外と多かったのが、「友人から『彼女すごくいいじゃん。結婚しろよ』って言われて」という答えでした。決められないときに、信頼できる人から強く勧められるって、決断をするには効果的なのかもしれませんね。

そういう意味では、相談者の方は、信頼する誰かに彼女に会ってもらって、「彼女いいじゃん。あんな女性は他にいないよ。お前にぴったりだよ」って言われるのがいいのかも、と思いました。

「まあまあ好き」は大人の恋愛観？

もう一つ、「二〇代の熱にうかされるような好きとは違う」の件ですが、これは三〇代以上の多くの方が理解されていると思いますが、やっぱり年齢を重ねることによって、どうやら「恋愛力」みたいなものは少しずつ落ちていくようです。

僕、常々「燃えるように恋する」という感情は「勘違いする力」が必要だと思っているんですね。「この人こそ運命の人だ！」とか、「こんなに僕たち波長が合っている。こんな人他にはいない！」みたいな感情って、要するに「いかに勘違いするか」なんですよね。

子供の頃に「野球選手になる」とか「アイドルになる」って信じていたように、自分の実力を勘違いすることで、夢を追いかけることができたりします。若いときって、自分を冷静に見られないから、「勘違い」してしまうんです。

そして大人になってくると現実が見えてきて、自分の限界もわかってきて、勘違いする力が減少していくんじゃないでしょうか。逆に言えば、大人になっても勘違いしたままずっと突っ走れる人のほうが、自分の力以上のものを発揮して大成功できたりもします。でもそれは、すごくレアケースです。

恋愛する力も、いろんな経験を重ねる中でどうしても心をセーブする力が作用して、「強烈な好き」から「まあまあ好き」になってしまうんだと思います。だから、相談者の方の今の「まあまあ好き」というのも、年齢を重ねたがゆえの、「落ち着いた堅実な恋愛観」だと思います。

俗説ですが、恋愛感情は三年で冷めるといわれています。勘違いで突っ走って、三年経ったときに「自分は何してたんだろう」ってなってしまうと、逆に大変なことになりかねません。そうならないためにも、今の感覚のほうが「大人の恋愛」なのではないでしょうか。

ですので、質問の「他のみんなもこんな風になっているのか？」ということに関しては、「たぶんそういう風になっているのでは」という答えになります。

僕は別に「燃えるような恋」だけが正しい恋愛だとは思いません。「いいなあ。この人」とか「一緒だと自然体でいられる」みたいに感じる人が、一番結婚相手には向いていると思います。

むしろ、「会うたびにドキドキする相手」と結婚したら、落ち着いていられませんよね。お互いが無理しない相手が結婚には向いているようです。彼女といつまでもお幸せに！

相手との関係を一歩進める方法

「好き」は伝えても「付き合って」は伝えない

女性と男性が一対一で食事をしたり映画を見に行ったりというのを何度か繰り返し、一方が「ここら辺で告白かな」と妄想しているのに、もう一方は完全に友達だと思っているという悲しい状況って、きっと世界中のどこでもよくあるパターンですよね。では、そこをどう乗り越えればいいのでしょうか。

僕たち日本人って、好きな人に対して「付き合ってください」と告白しますよね。この「告白文化」、僕はそもそも好きじゃないんですね。でも、もし最初から相手に興味があるなら、早めに「好きです」を伝えるべきだと思っています。ただの友達じゃなく、あなたを異性として見ているというのを伝えるということです。

ちなみにここで「好きです。付き合ってください」と告白をしてしまう人が日本では多いですが、得策ではありません。これだと、相手は「イエス」か「ノー」をそこで迫られてしまいます。友達と思っていた場合だと、その場で撃沈です。

それを避けるために「好きです」だけ伝えておいて、そのままデートを今までのように続ける、そして「手を繋いでもいいですか？」とステップアップしていくのがベターです。

僕、いろんな恋愛についていろんな人にインタビューをしているのですが、「最初は友達と思ってたけど、自分への好意に気づいて好きになり始めた」という、後から好きになるパターンがすごく多いですし、周りの友達から「嫌いじゃなければとりあえず付き合ってみたら」と勧められて付き合うことにしたっていうパターンも多いです。

まずは「好きです」と伝えて、「ただの友達だと思われている関係」からの脱却です。

ちなみに「告白文化」は中国や韓国も日本と同様ですが、欧米には存在しないようです。欧米は「デーティング文化」で、複数の相手とデートやキスや時にはセックスを重ねて、だんだん一人の相手に決まっていくというスタイルが多いようです。先日聞いた話だと、アメリカで日本人と韓国人が出会った場合も告白スタイルになるらしいです。このあたり、研究すると面白そうですね。

どうやって相手を誘うか

さて、アメリカでは付き合う前にキスやセックスまですることがあるそうですが、日本人がどうやってセックスを誘うかって、結構難しい話ですよね。過去に書いた記事の反応をみると、これについてはみなさん結構一家言《いっかげん》あるようです。

よくある「ちょっと休んでいこうか」は女性から評判が良くないです。「そんな、ホテルに入っても全然休まないし。というかずっと動きっぱなしだし」なのだそうです。そりゃそうですよね。

「この後、ホテルとってるんだけど。いい？」っていうのは、まあまあ評判はいいのですが、たまに「え？　今日ずっとそんなこと考えていたの？」って感じてひいてしまうっていう意見もあります。

男性からは「朝まで一緒にいようか」とか「今日、うちに来ない？」をよく使うという話を聞きます。まあ「わかってよ」って男性の気持ちはわかりますが、最近よく言われる「性的合意」という意味ではちょっと時代遅れかもしれません。

そういう意味では、はっきりと「抱きたいです」って伝えるのが一番っていう意見が多いです。それ、例えば女性側からすると「まだそんな関係になりたくない」とか「もう少しお互いを知ってから」とか「(下着が可愛くないとか生理とかで)今日はダメ」とかって断りやすいそうです。

実はセックスよりも難関なのがキスなんです。もう「好き」は伝えてあります。そしてもう手も繋いでいます。さて、「告白」なしにどうやってキスの合意を得ればよいのでしょうか。

先日、僕が雑誌『LEON』でやっている連載で、関西の女性から「初めてのキスは、彼が『ちゅーしよ。ちゅーしよ〜！』って言ってきたから」という話を聞きまして、すごくびっくりしたんですね。ファーストキスなのに全然ロマンティックじゃないですよね。

そしたらそれ、関西では結構聞く話らしいんです（もちろんそうじゃない人もたくさんいると思いますが）。これ、どういうメリットがあるのか、先日、「東京嫌い」というnoteを一緒に作っている大阪出身のふみぐら社さんに教えてもらいました。

「林さん、あれは『両張り』なんです。『ちゅーしよ〜』って言って、もし『いや』って断られても、『冗談やろ！』ってごまかせば笑いにもっていけますよね。断った女性のほうは、男性が本気だったことに気づいても、お互い笑い合って、なかったことにできるんです。そしてもちろんOKの場合はキス成立なんです」

なるほど。関西人、さすがですね。笑いという文化を使って、お互いが気まずい関係にならないように、相手を気遣いながら「合意」を取り合っているんですね。

うーん、でも、「ちゅーしよ。ちゅーしよ〜！」って言えますか？　難しいですよね。

だいたい僕は「ちゅー」という言葉も言えないかもしれません……。

女性からのアプローチ

本当に女性から押してはいけない？

ｃａｋｅｓの連載を読んでくださっている女性のお客様に、お店でよく聞かれる質問があって、それは「女性はどうやって男性にアプローチすればいいのか？」ということです。これ、難問ですよね。僕は連載の参考になればと思っていろんな恋愛本を読んだりしますが、どの本にもみんな「女性から押してはいけない。女性は男性から追いかけられなきゃいけない」って書いてあるんです。

その理由、ネット上でもいろんな解説がされているのですが、一番よく見かけるのが、男性側が一生懸命アプローチして付き合うと、男性はその女性を大切にする心理が働くけど、女性からのアプローチで付き合った場合、男性はその女性を軽く扱ってしまう、というものです。

もちろんこの説に対して、反論の声もたくさんあります。今どき女性からアプローチするのも普通のことだし、女性から押しても全然大丈夫っていうパターンも多いです。僕もそう思います。あまり恋愛に興味がない男性が、女性から押されて押されて、なんとなく付き合い始めて結婚っていう方の話も聞いたことがあります。

なので今回は、いろんなモテる女性たちと話したり、男女限らず聞いたりした「今こういう女性がモテる」という話を参考に、どういう女性がモテるのかをまとめてみました。

・自分のことを好きになるタイプの男性を、ある程度見分けることができる

いきなりこれ、誰にでもできることではないと思いますが、男性の好みを感じ取ることが得意な女性がいます。これは、相手の仕草や態度などで、感覚的に感じ取ることができるようです。必ずしもモテるタイプの外見じゃなくても、この能力を使ってモテている女性というのが結構いるようでした。

これもよく言われますが、女性は若い頃に追いかける恋愛をしがちです。子供の頃に触れるドラマや少女漫画などの世界で、なぜかそれが良いことのように描かれていることが影響しているような気がします。それよりも、自分のことを好きになってくれる人と付き合ったほうが成功率も高いし、幸せにもなれると僕は思います。

自分を好きになりそうなタイプの男性を見分けることができるということは、それだけチャンスが増えるということでもあると思います。

・男性からの下心を感じてもポジティブに受け止める

「下心」をすごく嫌がる女性って多いと思います。ただ、男性にとっては下心と好意って意外と近いものでもあるんですよね。実際、相手の下心もポジティブに受け止めるタイプの女性は、下心だって自分に魅力を感じているってこと、と理解するそうです。やはりこれも、それだけいろんな男性と出会えるチャンスが増えるという意味でもありますよね。

・男性に対してイニシアチブ（主導権）を取れる

仕切るのが得意とか、リーダーシップみたいなものが必要とかということではなく、どんな場所でもごく自然に主導権を握っているタイプの人です。いますよね、そういう人。学生時代のグループでも、その人が「〇〇に行こうよ」と言い出すと、自然にそれに決まったりします。

あるいは夫婦でも、「姉さん女房」みたいな雰囲気じゃなくても家のことはなんでも決めてしまう人。これができる女性は「自己肯定感が高い」んだそうです。やっぱり「私の言うことなんて〜」という考え方の人よりも、一緒にいて楽しいのかもしれません。

冒頭に書いたように、「男性が女性を追いかけたように思わせるほうがいい」という考え方もなんとなくわかります。でも時代は変わってきているし、昔と比べモテる女性のタイプも変わってきているというのも感じます。やっぱり昔はリードする女性ってそこまでモテませんでした。でも今はこういう人が好まれるんですね。

モテる女性はどのようにアプローチしているのか？

では実際、そんなモテる女性たちはどのように相手にアプローチしているのでしょうか。

・「好きなもの」について質問する

例えば、その彼が、「コーヒー、好きなんだよね」って言ったとします。そしたら、「おすすめのコーヒー屋さんはどこ？」とか「スターバックスってどうなの？」とかって聞くと、まあ普通、聞かれた相手はすごく語りたくなってしまいます。

さらに、例えばコーヒーなら、「〇〇くんが好きそうなコーヒーショップ見つけたから今度行ってみない」みたいな誘い方をすると、相手は自分に興味を持つそうです。

・相手の好きな話題に対して突っ込んだ話をする

似たようなパターンですが、相手がサッカーに詳しい場合、自分もサッカーについて突っ込んだ話ができるとかなり効果的なようです。自分よりも詳しいことを喜ぶタイプの男性もいます。もちろんサッカーじゃなくても、プログラミングでも、金融でも、歴史でも、アニメでもいいかと思います。

自分が好きなジャンルについて話せる異性に対して、「もっともっとこの人とその話をしたい！」って思うようです。

・**相手に触れる**

これもよく言われることですが、相手の体に触れることで心理的な障壁を低くすることができます。多くのモテる女性が言っていましたが、これ本当に効果があるようです。さりげなく肩を触ったり、腕を触ったり。もちろん「誤解」をさせないようにする必要もあるし、男性に対してもセクハラにならないよう配慮は必要です。でも、これで空気が変わるとおっしゃる方もいました。「手相見てあげようか」という技を使うために、手相の勉強をした方もいらっしゃいました。

今、恋愛ネタは流行らないと言われます。新型コロナウイルスの感染拡大で、たぶん新しい恋も生まれにくくなってきていると思います。でも僕はもっと、女性からも男性からもアプローチして、みんなで幸せな恋愛をしてほしいなと思います。

恋愛観も分けられない性

共有されない性の情報

先日ネットでこんな記事を読みました。

橘玲「男女の性戦略の有力な理論『進化心理学』に挑む『審美主義』。生き物の美しさは、性淘汰による『美の進化』の賜物なのか?」【橘玲の日々刻々】
『ダイヤモンド・オンライン』二〇二〇年六月二六日

これによると、「エビデンスが示すのは、『女は性的快楽に男ほど大きな価値を置いていない』ということだ。研究によれば、女性の三割から五割が『低い性欲』をもつ『性機能障害』で、そのうち半分は『そのままでべつにかまわない（生活にさしたる支障はない）』とこたえている」とあるんですね。

「女性にも性欲はすごくあるんです」とか、逆に「オーガズムを経験したことない女性の悩み」とか、セックスに関する女性の意見っていろいろ見かけますが、三割から五割の女性が、「そんなにセックスのことを最高と思っているというわけではない」ってことなんですよね。これって女性も男性もあまり知らないことではないでしょうか。

今、『LEON』のインタビュー連載でたくさんの女性に性や恋愛について質問しているのですが、「私はセックス自体にはそんなに興味ない」って人が結構多いんです。いろいろ試してみたけど、自分にはそんないいものじゃなかったって人もいるんです。

もちろん一方で、まあとにかく「セックス最高！　いろんな男性とやってみたい」って人もいるし、「相性がいい人と何度もしていたい。他の男性は興味ない」って人もいます。「恋愛自体にはそんなに興味ない」って女性は少なからずいるし、男性も「セックスはしたいけど、恋愛云々っていうのはよくわからない」って人の割合はすごく多いです。

また、女性にも男性にも「セックスがやめられない」って人も多いですよね。これはお酒や賭事や薬物と同じで、依存症の場合もあるようです。とにかくほんと、千差万別だと感じるんです。

こういう情報ってみんな知っているのでしょうか？　というのも、「どうして私セックスが気持ちよくないんだろう？」って悩んでいる女性って多いですよね。あるいは、その女性と付き合っている男性のほうも「俺がセックスが下手だからなのかな？」って悩んでることもありそうです。

セックスってどうしても二人でこっそりやるものだから、他の人がどうしているのかがわかりません。「それは悩むことじゃないよ。このくらいの割合で性機能障害の女性がいるんだよ」って情報を共有したほうが、悲しんだり悩んだりする人が減りそうですよね。

グラデーションに名付ける性

タイでは「一八種類の性別」があるのってご存じですか？　「男と女以外の性別」が細分化されて名付けられているんです。それで思うのが、性別が「男」と「女」の二種類だけしか名前がないっていうのが、いろんな誤解の大本のような気がするんです。「名前を付ける」というのはある程度仕方がないことだと思います。それがないと困る人が現れるのも容易に想像できます。でも、二種類しかないというのが乱暴だと思うんです。

例えば僕に関して言えば、「好きな女性としかできない」とか、「教えてくださいって感じの妹的女性が苦手」とか、「セックスそのものよりもイチャイチャするほうが好き」とかって感じなんですね。そういう男性ってやっぱりたまにいて、「おお！　同士だ」って感じるのですが、そういうタイプの男性は「ぬとこ」って名付けちゃうんです。

あるいは、これも『LEON』のインタビューでいつも驚くのですが、オラオラした男性がどうしても好きって女性、一定数存在するんです。中学や高校のときに、ちょっと不良っぽい男性のことが大好きな女性っていましたよね。そういう女性って、男っぽい男性からの「この女性と寝たい」っていう視線や言葉に対して、「うわ、私求められてる。たまらん」ってなるそうなんですね。こういうタイプの女性の気持ち、さっぱりわからないって女性も多いかとは思うのですが、とりあえず「うんな」って名付けちゃうんです。

他にも、恋愛そのものに興味がない男性っています。「LINEを送ってデートに誘って、彼女の髪型が変わっていたらそれをほめて」っていうのが、「意味がわからない」って感じるそうなんですね。でも女性はすごく好きでセックスはしたいなって常に思っているんですね。こういう男性って、ごくたまに悪い上司とかに連れられて風俗にはまったりするけど、浮気や不倫みたいなことは元々不器用でできないんです。こういう男性が好きって女性も少なからずいて、そういう男性は「おもこ」って名付けるんです。

仕事をバリバリしてて男性より収入が良くて、「可愛い男性」が好きな女性もたまにいます。そういう女性は「おみお」とかにするわけです。

そうすると、マッチングアプリでも「あ、この人、おもこなんだ、じゃあ、『いいね』押しちゃお」って感じでアクセスしやすいですよね。

性がグラデーションという話は最近よくされるようになりましたが、セックス観や恋愛観もグラデーションのようにみんな違います。それを無視して「男」「女」だけにしているから、悩んだり泣いたりする人が出ると思うんです。

すごくたくさんの「性」を用意すればお互いが楽になると思いませんか？

五〇歳恋愛経験なしの男性とうまく付き合えるか

ほんとんどの男性はモテない

僕のｎｏｔｅに四〇歳手前の女性から、こんな感じの質問が来ました。「五〇歳手前の男性とお見合いで出会い、交際が始まりました。人生経験豊かな男性とお付き合いできて嬉しいと思っていたけど、先日、彼は恋愛経験なしということがわかりました。私は甘えたがりで、頼りがいのある男性が好みです。私がリードするしかないのでしょうか。果たして結婚は上手くいくのでしょうか」

一説によれば太古の時代は、自分の遺伝子が残せた男性は一七人に一人だったそうなんですね。今で考えると共学のクラスで男性一人だけって感じです。すごく少ないですよね。クラスで二番目や三番目にモテるあの男性たちは、一生のうちに少しくらいはセックスできても、自分の遺伝子は残せなかったんです。そして、もちろんクラスの他のほとんどの男性は、女性とのセックスを一生できないまま死んでしまったはずですよね。

たぶん、そういう「ほんの一握りの男性が、その群れのほとんどの女性とセックスをして子供を作る」っていうのがずっと続いてきて、農耕が始まって、「畑を一生懸命耕す、真面目な男性」も少しずつモテ始めて、近代になって、「勉強ができてホワイトカラーの職業につける男性」もモテ始めて、やっと現代なんだと思うんですね。

僕を含め、ほとんどの男性がそんなにモテないんです。昭和の一時期は、お見合いおばさんが無理矢理結婚させたから、みんなが結婚できたけど、放っておいたら、多くの男性が恋愛やセックスを経験しないまま死んでいくんです。そして、冒頭の彼もそういう一人だったんだと思います。

男性を代表して言いますと、「自分は今まで女性と恋愛経験がない」って女性に正直に告白したということは、彼はすごく勇気がある男性なんだと思います。もし僕なら言わないし、ほとんどの男性は言わないで隠すし、もし質問されても「付き合った女性がいたようなフリ」をするでしょう。

これを読んでいる男性の多くが、「え？　この男性、五〇近いのに自分が童貞（とは限りませんが）って一〇歳下の女性に言ったんだ。偉いなあ」って思っています。男性ってそういうシーンで、「男らしくあれ」とか「男性はたくさんの女性といろんな経験して、リードしなきゃいけない」って感じのプレッシャーを若い頃から浴びせられているんですね。

だからみんな、なんとかして童貞を捨てようとするし、女性とセックスした人数を自慢したりするんです。それを、正直に「初めてです」と恋人に伝えた彼は、本当に勇気があると思いますよ。

知ったかぶりをしない、虚勢を張らないのがいい男

さて、そんな恋愛経験なしの彼で大丈夫なのか？　というのを考えてみます。本当に会ってみないとわからないですが、でも、僕はその男性は頼りがいがあると感じました。

僕、バーをやっていますが、こういう場所って、男を試されるんですね。

例えば、自信がない男は、うちはワインバーってわかっているのに僕が「お飲み物、どうされますか？」って聞くと、「俺、チューハイ」とかって言うんです。女性の前でワインがわからないのが恥ずかしいから、変な冗談でごまかすんです。わかりますよね。

でも、いい男は、「あ、すいません。僕、こういうお店初めてなんでよくわからないんです。ワインってあまり飲んだことないんですけど、何か初心者でも飲みやすいワインをおすすめしてもらえますか？」って、堂々と言うんです。

僕は経験上、そういう大切なシーンで、「知ったかぶりをしない」とか「虚勢を張らない」っていう男性のほうが、勇気があって頼りがいがあると感じています。だから、僕は「彼」、すごくいい男だと思います。

さて、質問者の方が気になる「デート」です。それに関しては、最初はギクシャクしそうですね。でも、五〇歳までずっと社会で働いてきたんですよね。すぐにそういうの「うまくこなせるようになる」と思います。

あと、質問者の方は気にしていないかもしれませんが、セックスの上手い下手は経験数ではないとAV監督の二村ヒトシさんが言ってました。生まれつきの才能だそうです。確かに、「すごくたくさんの女性と寝ていると豪語する男性のセックスは良くない」って聞きますし、「AV男優としたけど良くなかった」とも聞きました。相性も大事なようですよ。

あと気にされているのは結婚ですよね。結婚する相手は本当に、「俺、女性経験豊富なんだよね」とか「もう女性との恋愛のあれこれが大好きでやめられない」って男性より、「誠実な男性」が一番ですよ。

実際に質問者の方は彼のことをいいなと感じているんですよね。それを信じて進んでみてはいかがでしょうか。それにしても、誠実そうな男性と出会えて良かったですね。幸せになってくださいね！

恋愛が苦手な人の参考書

恋愛が苦手な人の2パターン

僕、バーテンダーという仕事を始めて二五年、こういう恋愛コラムみたいなものを書き始めて八年経つのですが、本当にみんなの恋愛観が変化してきたなと思います。

まず、恋愛そのものが流行らなくなってきたというのはよく指摘されますが、たぶんそれは「リア充、パリピっぽい感じ」がお洒落じゃなくなってきたのと関係していると思います。

でももちろんみんな「性や恋愛」には興味があって、ただ、その興味が「たった一人の相手と出会って、たった一人の相手と愛し合いたい」というものに変わってきたような気がします。

今はアプリで簡単に出会えるからこそ、コロナ禍や貧富の格差といった安定しない状況だからこそ、みんな「たった一人と出会って愛し合いたい」のかもしれません。

僕、ｎｏｔｅで質問を受けたり、カウンターで恋愛相談を聞いたりしているのですが、そんなモテなさそうってわけでもないのに、恋人ができないっていう人たちが一定数いるんですね。そういう人たちに恋人ができないのはどうしてでしょうか。二つのパターンを紹介します。

①自分と相手のレイヤーの違いが把握できてない

レイヤーとは、社会における階層のようなもので、僕たち人間って自分のレイヤーにあった相手を選ぶという能力があるそうなんです。年齢とかルックスとか社会的な立ち位置とかなどを、自分で合わせて相手を選ぶそうなんです。

石原さとみが一般人男性と結婚したって言ってますが、でも普通の年収三〇〇万円のサラリーマンじゃないはずですよね。石原さとみに見合った稼ぎや肩書のある男性のはずです。僕たちゃっぱり「自分のレベルならこの相手」って考えてるんです。

でも、ある種の恋人ができないタイプの人は、どうやら、自分のレイヤーを理解していない傾向があるようです。

若い頃にモテたり、ちやほやされたりしたことが忘れられず、自分はもっとイケると思い込んでいる人や、逆に相手を高く見積もりすぎて、自分なんて全然だめだし届かない、とあきらめてしまうパターンも多いです。

②相手との距離の縮め方がうまくできていない

これは「わーっ」と好きになってしまうパターンの人に多いです。すごく夢中になって、ＬＩＮＥを送りすぎてしまったり、内容が相手がひいてしまうようなものや長文だったりして、本来はうまくいくはずだった恋なのかもしれないのに、自滅してしまうんです。

僕、いろんな人から恋愛話を聞いていますが、多くの人は学生時代くらいの若い頃に恋愛で失敗して、「あれがいけなかったんだ」って反省して、「次からはあんな風には振る舞わない」って決めて、二〇代途中からは上手く恋愛できるようになったりします。

元々恋愛スキルが高くて、「ここですぐにはＬＩＮＥは返さなくて、二日置いてから返すとこういう相手は夢中になる」って感じでサラッと対応できる人もいるのですが、毎回毎回、同じようなパターンで失敗する人もいるんです。

理屈で理解できる参考書

ちなみに、「モテない男性のための」とか「モテない女性のための」とかっていう恋愛ノウハウ本ってたくさん出てます。この手の本が嫌いな人少なくないと思います。僕は仕事の参考になればと思い読みますが、「なるほどな」って感じの実践的な方法が書いてあって、勉強になります。

レイヤーの違いを理解するのが苦手な人や、相手との距離感がつかめない人は、感覚的な理解が苦手なんだと思います。そんな人に理屈で理解できるおすすめの本を何冊か紹介してみます。

最近男性におすすめしているのは、アルテイシアさんの『オクテ男子のための恋愛ゼミナール』です。この本によると、「バイト、オフ会、サークル、ボランティア……なんでもいいから女性の多い場所に行って、慣れてください」だそうです。
「ありがとう」と「大丈夫？」を口癖にすると女性から好印象を持たれるというすごく具体的なアドバイスもしてます。確かにこの二つの言葉、男性の印象がすごく変わりそうですよね。

本気で婚活、という女性の方には、山田由美子『本気で結婚したい人のお見合い活動マニュアル』がおすすめです。ご本人もお見合いで結婚を決めたそうで、一年間で八〇人と会ったそうです。

最近見つけたのですごい名著が、佐藤律子『7日間で運命の人に出会う！頭脳派女子の婚活力』です。この本は男性心理がすごくよくわかります。常々、「透明感のある女性ってどういう意味？」って聞かれて困っていたのですが、こう説明してます。

「基本的に透明感とは『肌が白く透明なこと』。男性がスッピン好きなのはこれが理由です。肌以外では『髪』も透明感として重要で、できれば黒髪がいいですね。黒髪は肌の白さを際立たせるのでいっそう透明感が強調されます。『透明感＝清潔感』ですから、バサバサ髪はＮＧ！　しっとり艶のある髪を保ちましょう」

こういう「恋愛ノウハウ本なんて嫌い」って人もいますよね。もちろんそういう本を読まなくても恋人ができる人はいます。でも、努力しないで突然外国語が話せるようになったりしないし、いい大学に入れたりもしないですよね。みんな努力してうまくいってるんです。恋愛もそういう努力が必要なこともあると思いますよ。

こんな婚活どうですか

同棲は期限を決めて！

僕、「結婚って結構いいよ派」なんですね。もちろん結婚なんてしたくない人は全然しなくていいと思うし、結婚に向いてない人もいると思います。でももし、結婚に興味があるんだったら、結婚って結構いいよっておすすめしているというわけです。

「結婚する前に同棲しようと思うんですけどどう思いますか？」って質問をたまに受けることがありまして、もし同棲するのなら期限を決めたほうがいいと答えています。例えば一年って決めたとして、一年後にまだお互いが好きで、このまま一生ずっと一緒に暮らしたいなと思ったらそこで結婚するべきです。

一番良くないのが、同棲の期限を決めないでずるずると四年も五年も一緒に暮らしてしまうケースです。そのくらい一緒にいると、お互い友達みたいになってしまってドキドキもなくなってしまうんですね。結婚しようっていう理由もきっかけもなくなるんです。そんなとき、だいたい男性のほうが「ごめん。俺好きな人ができちゃった」って言って別れを切り出します。

そのとき、だいたい女性は三二歳ぐらいになっていて、久しぶりに一人になるんですけど、もう恋愛の仕方なんて忘れてしまってるんです。でも周りは本気で婚活している女性ばっかりで、彼女たちには負けてしまってどんどん時が過ぎてしまうというわけです。

同棲は期限を決めてください。

婚活に関しては、マッチングアプリか結婚相談所かという問題があります。最近はアプリで知り合って結婚って人たちすごく増えましたよね。でも、アプリってスペックが高い人たちだけが楽しめる場所なんですね。あと、何十人にも会わないと「この人だ！」っていう人には出会えないようです。もし「この人だ！」って人に出会えても、相手も同じようにアプリで複数の人と並行して出会ってるわけですから、一方だけが本気になって、「お断りされる」っていうケースが多いです。アプリでうまくいくにはそれなりのスペックと、断られても傷つかないそれなりの強い心が必要なようです。

そして、アプリで知り合った場合、普通のお付き合いと同じだから、三年くらい交際してからの結婚になります。さらに普通の恋愛だから、三年経っても結婚にいたらなくて、お別れしてしまうと、また最初から始めなくてはいけません。

それが結婚相談所になると、相手も最初から結婚目的でその場所に来ているので、早いときだと出会ってから三ヶ月のスピードで結婚、なんていうこともあるようです。結婚相談所はとにかく若い人には有利なようです。特に女性が二〇代半ばだったりすれば選び放題らしくて、入会料の数十万円なんて、結婚相手の男性の収入であっという間に元はとれるみたいです。

でも結婚相談所のデメリットは、どこかで妥協をしなくてはいけないということです。イケメンじゃないけどまあいいかなとか、収入はそんなに多くないけどまあいいかなとか、妥協をするのがポイントのようです。そして条件で相手を選ぶので恋愛のドキドキはありません。恋愛がしたいという人には向いてないけど、結婚がしたい、条件に合う人と早く出会いたい、失恋なんてしたくない、変な人や既婚なのに独身と嘘をつく人とか、体だけが目的なんて人には会いたくない、という人にはいいみたいです。

「友達の紹介」が一番いい理由

結局は「友達の紹介」が一番いいという話もよく聞きます。マッチングアプリとか結婚相談所の場合、自分とは全く違う世界の人、全く違う価値観の人と会いますよね。それがまたアプリや相談所の醍醐味ではあるそうなのですが、やっぱりあまりにも違う世界の人だとちょっと無理ということが多いようです。

それが、友達の紹介だと、近い世界の人なので、そんなには価値観がズレないようです。あと、本当は「恋人欲しい」「結婚したい」と思っているのに、婚活なんて全くやってない人がこの世の中にはすごくたくさん存在するんですね。ただ単に恥ずかしがり屋なだけだったり、勇気がなかったり、仕事に忙しかったりするようです。そういう人たちの中に、実はすごく優良物件っているそうで、友達の紹介だと、そういう「全くすれてない異性とデートなんて久しぶり」なんてこともあり狙い目です。

では、そういう異性をどうやって紹介してもらうのか。SNSを使ってこう書きます。「自分これから毎週一回知らない異性と出会って食事をすることにしました。誰か紹介してください」これで毎週友達から紹介された異性と食事ができます。ポイントは、年上のおじさんおばさんを引き込むことです。五〇代のおじさんで「じゃあうちの会社に独身でいい奴がいるよ」とか、おばさんで「うちの姪っ子が独身ですごくいい子なのよ」とか、すごく親身になってくれるそうです。

結婚って結構いいですよ。いい人に出会えるといいですね。

「くちゃらー」「肘をついて食べる人」との結婚を考えていいのか？

常識やマナーは難しい

先日、僕のｎｏｔｅに、「婚活で会う人がくちゃらー（口を閉じずにクチャクチャと音を立てて食べる人）や肘をついて食べるといった、食事のマナーがひどい人ばかり。自分の周りにはそんな人はいない。こういう人とは結婚したくないなと考えるのは、自分の理想が高いということでしょうか。妥協をすべき条件なのでしょうか？」という相談がきました。というわけで、今回はマナーについて考えてみたいと思います。

僕、両親が共働きで、二人ともすごく忙しく、○歳の頃から乳児保育所に預けられていたんです。家族全員で食事するなんてことがめったになかったし、あってもお正月のときくらいだったんですね。さらに、最近は聞かない言葉ですが、いわゆる「放任主義」で育てられたので、一般常識というのをあまり教えてもらえませんでした。いまだに常識がない人間だと思います。

それと僕、ホワイトカラーの仕事をしたことがないので、日本のサラリーマンなら知っていて当然の常識的なマナーみたいなのも全くわかりません。妻はそういう社会常識みたいなものを理解しているほうなので、付き合い始めた頃にしょっちゅう「そんなことも知らないの？」と「矯正」してもらいました。

娘がまだ小さいときに、妻と三人でカジュアルなイタリアンレストランに行ったのですが、店内でかかっているBGMが「すごく僕の好み」で、その音楽の話ばっかりしてしまったんです。そしたら妻に、「あのね、お父さん（僕のことですね）の目の前にある料理はお父さんが取り分けないと、みんな食べられないんだよ」って言われて、すごく情けない気持ちになってしまったことを、今でも覚えています。

そういう僕の「常識知らず」とか「マナー知らず」は数え上げるとキリがありません。いやほんと、よくうちの妻、僕と付き合ってくれたし、結婚してくれたよな、と今でも思います。

直せるところより直せないところを見る

僕、記事を書くために結婚や婚活に関する本をいろいろ読んでいますが、必ずたくさんのページを割いて書かれていることがあります。それは、「スーツのときはいいと思ったけど、休日に着てきた服がすごくダサくて一気に冷めた」とか、「他は全ていいんだけど、あの髪型だけがダメ」とか、「食事のときのマナーが最悪」みたいな話で、実はたくさんの人が感じていることなんです。そしてそれは、気づいたら指摘して相手に直してもらったらいいいんです。

もし指摘されたときに、「俺はこの髪型が気に入ってるんだ」って意地を張ったり、食べ方のマナーを注意されて明らかに不機嫌になったりするような人とは、結婚しないほうがいい、ということらしいんですね。

だから、今回の女性が指摘したときに、「指摘してくれてありがとう。自分はそういうの全くわかってなくて本当に恥ずかしいです。これからいろいろと不快なことがあったら指摘してください」って言える相手なら、その人は「あなたが結婚すべき男性」だと思います。

「服装」とか「髪型」とか「マナー」って、後から直せるものだし、「結婚する」って、そのくらいのことを「はっきりと相手に言えて、お互いが、以前よりもいい状態になるよう高め合える関係」が理想の状態だと思います。逆に、「その食べ方みっともないからやめて」って相手に言えないような関係性だと、その人とは結婚しないほうがいいですよね。

だから気にするべきなのは「直せないこと」です。特に「性格」とか「生き方」とか「好きなこと」とか「興味があること」とか「お金の価値観」とか。これが全然合わないと、結婚生活が最悪なものになりかねません。「直せること」は、とりあえず置いといて、そこで切り捨てないほうが、そもそもお付き合いできる数も増えていくわけです。

まあでも、ここまで書いてきて、相談者の方の気持ちは正直、すごくよくわかります。妻が「最近、電車の中で鼻をほじっている人が増えた」と言うんです。もしかしたら、電車の中で化粧するのが当たり前になってきたり、欧米人が人前で鼻をかんだりするのがアリなように、鼻をほじるのが普通のことに変わってきたりしているのかなと思うのですが、それにしてもやっぱり嫌ですよね。

でも、僕もそういう意味ではすごく「常識知らず」なので、マナーにはあまり自信がありません。ほんと、妻にいろいろと矯正されたし、今でも言われることがあります。だから、僕個人としても、全部完璧な人なんてまずいないので妥協ポイントは低くしていてほしいと思います。

もちろん、「食事のマナーだけは妥協したくない」というのもOKだとは思います。でも、「その食事マナー、直してください」って指摘したら、「あ、そうですね。恥ずかしいです。指摘してくれてありがとうございました」って言える男性が一番ですよ。

先程も書きましたが、結婚って「それを言い合える仲、関係性」であることが大事だと思いますし、逆に相談者の方も「私もたぶん、何かダメなところあるんだと思います。何かあったら指摘してください」って言ったら、彼が「実はこう思ってました」って言ってくれる関係性がいいと思います。

結婚に限らず、誰かの「ダメなところ」を一回飲み込んで、直せるのなら指摘し合って直せる関係が、人間関係の理想ではないでしょうか。

あなたにはいつ「モテ期」が来ましたか？

「モテ期」は日本独特の考え？

「モテ期」って言葉がありますよね。ちょっと調べただけですが、これたぶん、日本だけにある概念ですよね。アメリカ映画の邦題で「モテ期」という言葉が使われたことが何度かあるのですが、原題を見ると全く違う意味でした。たぶん、日本映画の『モテキ』のヒットにあやかったのだと思います。ちなみに中国で『モテキ』は『桃花期』というタイトルで、中国の方に聞くと、意味はわかるけど一般的な言葉じゃないとのことでした。

さて、モテ期って人生に三回あるってよく言われますが、どうでしょう？「言われてみれば」と思う人も結構多いかもしれません。でも、ちょっと夢がありますよね。「モテ期って三回あるらしいから、人生で後二回は来るぞ～！」って思うこともできます。そういうボーナスみたいな夢が持てる人生って悪くないです。

僕、対談のときや人にインタビューするとき「いつ頃、一番モテましたか？」って質問をよくするんですね。中には「ずっとモテ続けてます。今でもずっとモテてます」っていう最強の方っています。でもやっぱり、多くの人はいつ頃一番モテたかって、それぞれ思うところがあるようなんです。どんな時期にどんな人がモテるのか、考えてみたいと思います。

①小学生の頃

男子の場合も女子の場合も、「教室の中心的人物」がモテますよね。男子の場合はそれに加えて、「足が速いとモテる」みたいなことがあります。ほんと、どうして足が速いとカッコよかったんでしょうね。女性に聞くと、足の速い子が好きだった、って答える人が多いのですが、どの人も「理由はよくわからない」と言います。

女子の場合は、「明るくて、みんなに話しかける人」がモテましたよね。男子って女子から話しかけられると、「この子、俺のこと好きなのかも」って誤解しがちです。恋の始まりって、「この子、俺のこと好きなのかも」である場合が多いから、小学生のときはそういう女子がモテたのかもしれませんね。

②中学生の頃

男子はスポーツのできる人や不良っぽい人がモテますよね。先生や世間に対する「反抗的な態度」って、一部の人には「セクシー」に感じられるそうです。このあたりから男女とも外見が重視され始めますが、やっぱり女子は「明るい子、誰にでも話しかける優しい子」が相変わらずモテます。

③高校生の頃

高校生になると、見た目が重視される傾向が顕著になっていきます。多くの女性が言うには、ここで髪型とか化粧とかにこだわり出すようです。

男子は相変わらずスポーツができる人と不良はモテますが、もう少しモテる人のジャンルが増えます。デートの仕方を知っている大人っぽい男子、女性とのコミュニケーション能力がある男子、総じてちょっと遊び人的な男子がモテ始めます。あるいは、バンド、ダンスなどの細分化したジャンルで目立ち、モテ始める人が出てきます。しかし相変わらず文化系はモテないそうです。

④一〇代終わりから二〇代前半

ここから、「モテる」がどんどん多様化していきます。男女ともに異性に強く興味を持つようになり、経済的にも時間的にも付き合いやすくなるせいだと思います。

一八歳くらいから、いろんなタイプの女性がモテ始めるのですが、女性からよく聞くのが、この頃になると「自分の見せ方がわかってきた」「男性のことがわかってきた」という話で、これによってモテ始めるようです。たぶん、いろんな男性と接する中で、「あ、私ってこういうところが異性の気を引くんだ」ということがわかってくるんだと思います。

男性の一八歳以降は、「モテる理由」に今までにない要素が入ってきます。「いい大学」とか「いい会社」とか「いい職種」とか。あとは「夢を追いかけてる」とかが、すごく評価され始めます。

⑤結婚してからと離婚してから

これもよく聞く話ですが、男性は結婚するとモテ始めます。「今まで全くモテなかった」っていう男性も、結婚したら女性たちからの視線が変わったって聞きます。結婚するまで妻としか付き合ったことがなかったような人が、いきなり不倫するなんて話もよくあります。

女性からは逆に、「離婚したら突然モテ始めた」っていう話をよく聞きます。これ、女性のモテに関する最大の謎だと僕は思っているのですが、いかがでしょうか？　この話は本当によく聞くのですが、女性に聞いても男性に聞いても納得できる理由を聞けたことがありません。

未婚独身女性に対しては「いずれは結婚しなきゃいけないのかな」と躊躇《ちゅうちょ》してしまう。既婚女性はそもそも誘いづらい。それらに比べ、離婚した女性は結婚を求めてこないのではという「男性特有のズルさ」が作用し、相手を誘いやすいのでは、という考察を聞きます。でも、もう少し何か理由がある気がするのですが、思いつく方がいたらご意見いただきたいです。

今、雑誌の特集なんかでも「モテ」ってあまり受けません。それよりも、「たった一人の愛する人と出会う」みたいな話のほうが求められているそうです。

でも、「モテ」ってこの社会を映す興味深い現象だと思うんですよね。僕はすごく気になります。あなたはいつモテ期が来ましたか？

おじさんになってむしろモテる

年をとってモテるおじさん、モテなくなるおじさん

僕と同世代のすごくイケメンの知り合いがいまして、先日五年ぶりくらいに偶然見かけたら、ちょっと太ってて雰囲気が変わっていたんです。かつては二重で眉毛が濃くてホリが深い濃い顔のイケメンだったんですが、太って年をとった今の姿は、たぶんそんなにモテる見た目じゃないように思ってしまいました。

彼、若い頃はムチャクチャモテたんです。もういつ会っても違う綺麗な女性と一緒に歩いていて、その女性たちもうっとりしていたんです。本人も「イケメン風」と言いますか、モテる男らしい振る舞いをしていました。もちろん先日会ったときもイケメン風の振る舞いをしていたのですが、見た目が変わってしまったので、ちょっと違和感を抱

いてしまったんです。

たぶん、今の彼に初めて出会った人たちはちょっと「イタい人」として認識してしまうだろうなあと。それってなかなかつらいものがあります。

そういえば先日、特にイケメンではなかったのに、年齢を重ねるに連れてモテていくタイプの男性がいる、というような記事を見かけました。先ほどの彼とは逆に、いい感じに年齢を重ねられればモテるおじさんになれる可能性があるんですね。若い頃はそんなにモテなかったのに、逆転サヨナラ満塁ホームランと言いますか、人生の終盤にモテ期が来ることがあるようなんです（ちなみに、なんでも野球で例えるのって、おじさんの象徴だそうですよね。すいません。ついやってしまいました）。

ではそのホームランを打てる条件って何なんでしょうか。

モテるおじさんの四条件

①体型をキープしている

もうこれにつきます。僕の知り合いにモテるおじさんが何人かいるのですが、全員体型がシュッとしています。みんなジム通いとかランニングとか何かをやってます。僕は妻とお昼に銀座や麻布十番のヨガに通っているのですが、来ているおじさんたちはすごくモテそうな人が多いです。

②お洒落

若い男性の「お洒落過ぎ」って、女性によっては嫌がる人がいるそうなんですね。若い男性が、靴とか時計とかいろんなことに凝りすぎていると、なんかトゥーマッチな気がして、気持ち悪いそうなんです。

でも、おじさんがお洒落過ぎなのは、すごくいいようです。若い男性の場合は「お洒落なんて気にしていない感じ」が逆に「爽やか」に見えますが、おじさんの場合は「お洒落を気にしている感じ」が「清潔感」とか「お金に余裕がある感じ」に繋がるのでしょう。

若い人は上から下までユニクロの服でもOKですが、おじさんになったらそれなりに高級なお店で買うべきなのかもしれませんね。僕、『LEON』で女性にインタビューする連載をやっているのですが、みなさん「おじさんのスーツの質・ランク」「持っている鞄や時計」すごくチェックしています。

③自分の話をしない

モテるおじさん全員に共通しているのが、「自分の話をしない」です。これは本当に大事なことです。おじさんって、どうしても自分の仕事の話とか、自分が日々気づいたこととか、自分の過去の自慢話とかをしてしまいますが、モテるおじさんは、まずその手の話をしません。

あるいはですね、モテるおじさんはアメリカの大統領選挙の話とか、日露戦争や明治維新の話とかをしないです。『愛の不時着』とか『バチェロレッテ』とか「美味しいベトナム料理店」の話をします。

④ギラギラしていない

ギラギラしている人とお酒を飲むと、女性って疲れると思うんです。話を合わせなきゃいけないし、なんなら褒めなきゃいけないし。でも、人生の終盤でお洒落でモテ始めた男性ってイケメンじゃないし、さっぱりしているし、そんなに積極的にホテルに誘ったりしてきそうでもないですよね。たぶんこの「ギラギラしていない」も大きなポイントのような気がします。

もちろん、これらはみんな「ちゃんと全部おごる。ケチケチしない」とか「下ネタを言わない」とか「口が臭くない」とか「ダジャレを言わない」とかといった、「おじさんの最低限のマナー」は通過した上での話ですが、そんなにイケメンじゃないのに、おじさんになってすごくモテ始める男性って、こういう条件の人なのかなって思いました。

パートナー以外の異性と二人きりで外出することをどう思うか問題

異性と二人きりの外出に抵抗がある人とない人の違い

先日僕のｎｏｔｅに、「パートナー以外の異性と外出すること」について質問がありました。この件に関しては、本当にみなさんそれぞれ意見が違います。一家言ある人が多いので、よくいろんな人に質問するんです。

今回は僕がこれまでさまざまな人たちに聞いた「パートナー以外の異性と外出すること」についてまとめてみました。割合は僕調べなのをご了承ください。渋谷でバーテンダーをやっている人間の周りの風景だと思っていただければ。

ではまず、男性と女性とで傾向がかなり違うので、女性の3タイプについてです。

①異性と二人きりで外出しない

そう答えた方のお一人は、男性から「食事に行きませんか」と誘われたら、「行きましょう。友達も誘っていいですか」と言って、三人で行くことにしているとおっしゃっていました。それに相手の男性が難色を示したら、下心がありそうと判断するそうです。はっきりと、「私、彼氏いるから二人きりでは行かないんです」と伝える、という人もいました。これだと断られる側もわかりやすいと思います。

このタイプの人は「男性が食事に誘ってくるということはそういうことに繋がるから最初から断ろう」と思う人が多いです。なるほど。だいたい全体の二割くらいいらっしゃいます。

②二人きりで出かけても、絶対に恋愛には持ち込ませない

食事に行ってお酒が入ってくると、ちょっと恋愛の話をしたりするうちに、「そんな雰囲気」になってしまうことってありますよね。そしたらすぐに、「今、恋人とすごくいい感じ」とか「彼が大好きなんだよね」といった話を出して牽制するそうです。そうすると、まず男性は引き下がってくれるんだとか。割合としては全体の三割くらいです。

ちなみに、このタイプの人たちに、パートナーに対し異性と食事に行くことを伝えるか聞くと、「伝える」と言う人は二割くらいで、「伝えるわけないじゃないですか！」って言う人が八割くらいでした。基本的に男女二人きりの食事に対して恋愛のニュアンスを抱いているからこその警戒心だと思いました。

①の方も②の方も、「絶対に浮気はしない」とか「しようとも思わない」という女性が多いです。

③男性と二人きりで出かけることに抵抗がない

このタイプが残りの五割ですね。もちろん全員が浮気をするということではありません。全体で見ると、四割くらいの女性が浮気する可能性を否定しなかったんですが、これを高いと見るか低いと見るかは、男女の違いだけでなく人によっても変わる気がします。僕はまあ、これくらいなのかな、という印象でした。

ただ、浮気をする人にしても、「一回だけ、すごく酔っ払ってしまって」とか「たまたますごくタイプの男性だったから」とか「キスまでですよ」とかみたいな話や、「恋人に浮気されたから」とか「もう終わりになりかけていたから」とかみたいな特殊要因も多くて、そもそも浮気願望まである女性は男性に比べるとあまり多くはなく、そういう人は一割くらいでした。

下心があるのに行動に移せない男性

では男性はどうなのでしょう。繰り返しますが、あくまで僕がアンケートした人たちの割合です。

①異性と二人きりで外出しない

元々、女性に対して積極的じゃなくて、デートとかするのが面倒くさいと思っている人って意外と多いです。そういう人を含め、絶対に異性と二人で出かけないという人は三割くらいいました。僕はよく言うのですが、蒐集《しゅうしゅう》系の趣味がある男性は異性に積極的ではなく、浮気をしない傾向があります。それよりも趣味のほうに時間と労力を使いたいってことなんです。これはすごくわかります。

②二人きりで外出する。少し下心があるけど、口説いたりはしない

六割くらいはそういう答えでした。これまでも何度か書きましたが、多くの男性が「そういう気持ち」はあっても、行動に移せないんです。こういう人は、女性からも「絶対に大丈夫」とか「あの人は友達だから」って思われがちです。そう思われていることを自覚している男性も多いです。

③二人きりで外出するし、行くということは、もちろんそういう気持ち

こういう人たちが一割くらいいます。これもよく言うんですが、この人たちは元々決してモテるタイプではありません。でも積極的に女性を誘います。これも何度も書いていますが、積極的な男性ほど結果的にモテます。②の男性よりもとにかく積極的なんです。

僕が調べた範囲ですが、この数字、どう思われたでしょうか。もちろん地域や年齢でも変わってくると思いますが、意外と今の世の中を表しているような気がしました。あなたはどのタイプでしょうか？

会いたい人がいたら、それが恋かもしれない

今年は全世界で恋が激減した年かもしれない

今年は新型コロナウイルスで大変な一年でしたが、みなさんいかがでしたか？　ご存じのように飲食業界もなかなか大変な状況でした。渋谷の街は空き店舗が増えましたし、知人友人のお店も業態や営業時間を変えて、生き残りをはかりました。

コロナ禍以降、飲食店には新しい「サイン」ができました。以前はお客様が財布を取り出すと「あ、そろそろお帰りなんだな。じゃあ今のうちに計算をしておこう」と思ったものですが、最近はお客様が「マスク」をつけることが、会計のサインとなりました。

マスクのサインといえばこんな話もあって、ある女性から聞いた話では、「彼が私のマ

スクを取ると、これからキスをするよという合図」なのだそうです。「きゃー!!」ですよね。なるほど、男性が自分のマスクをはずして、女性のマスクをはずそうとすると、「これからキスするからね」という意味なんですね。これはわかりやすくていいですよね。

コロナ禍で、bar bossaは大きな赤字になったので、なんとか収入源を探そうと思って、「Ｚｏｏｍを使った出会い会」というのを考えてみたんですね。でも、「Ｚｏｏｍでは恋に落ちない」とおっしゃる方が多かったです。Ｚｏｏｍを使った婚活というのは今でも行われているそうなんですが、「恋に落ちる」ということとは別問題のようです。Ｚｏｏｍだとやっぱりお互いの息づかいやドキドキする心の震えのような「恋に一番必要なもの」が伝わらないのでしょう。

相手が好みのルックスだとか、会話がすごく合うとか、同じ趣味を持っているとか、価値観が同じとか、そういうことではなくて、目の前にいる相手から直接感じる雰囲気とか、香りとか、お互いドキドキしていてなぜか伝わってしまう心の震えとかが「恋に落ちる」のに一番必要な要素なのかもしれないですね。

そういう意味では今年は「恋に落ちた人」が全世界で激減した年かもしれません。とにかく「リアルで出会える機会」が激減しましたからね。そして、どれだけインターネットが発達して、まるで目の前にその人がいるような状況になっても、やっぱりちゃんとリアルで出会って、相手の息づかいや心の震えを感じ取らないと、僕たちは恋に落ちたりはしないでしょう。やっぱり恋には「リアルな出会い」が必要です。

恋とは何か？

恋って難しいですね。恋ってなんなんでしょうか。日本語の「恋」という言葉の語原を「語源由来辞典」で調べてみました。「恋」って「恋《こ》ふ」の名詞形で、何かをしてくれるよう願う意味の「乞う」と同根なんだそうです。

古くは、異性に限らず、花・鳥・季節など、目の前にない対象を慕う気持ちを表したそうで、万葉集では、「恋」を表すのに「孤悲」を当てた例が見られるそうです。「恋」は「孤悲＝こひ」。孤独で悲しいんです。うわあ、切ないですね。やがて「恋」は目の前にいない異性に限られるようになり、「会いたい」「独り占めしたい」「一緒になりたい」といった恋愛感情を表す言葉になったということです。

おわかりでしょうか。恋って、目の前にその好きな人がいない状態なんです。「ああ、あの人に会いたい」って孤独で悲しんでいる状態のことを指すんです。元々、季節や花にも使われていたということは、「早く春になってほしいな」という、目の前にない季節のことを思う気持ちでもあったのでしょう。

この「目の前にいない相手のことを、夜中とかに想像して、ああ、会いたい。あの人に会いたいなあ」って考えて、「孤独で悲しくて」、そして「はあああ」って、おもいっきりため息をついている状態のことを、僕たち日本語話者は「恋」と呼ぶことにしているようです。

面白いですよね。僕たちは最初は「リアルに出会わないと恋に落ちることはできない」んでしたよね。Ｚｏｏｍでは恋に落ちないんです。そしていったん恋に落ちてしまえば、「ああ、あの人に会いたい。あの人の腕の中に飛び込みたい」って相手と離れてみて思うんです。

つまり、一度出会えて、そしてまた会えなくなっている状態のことを「恋」と呼ぶんです。切ないですね。

そろそろクリスマスですが、会いたい人はいますか？　真夜中にたった一人でだれかのことを思って、「はああ、会いたいなあ」って感じたりはしていませんか？　気になる人に「クリスマスはどうしていますか？」って連絡してみるのもいいですね。

そして、もちろんクリスマスにだれと会うのか決まっている人たちもいますよね。二人の夜の行先は決まりましたか？

お子さんがいるご家庭はもうクリスマスプレゼントは買われましたか？　お子さん、やっぱり今でも靴下を用意しているのでしょうか。いい思い出を作ってあげたいですね。

みなさんも良いクリスマスをお迎えください。それではメリー・クリスマス！

おわりに

本文で紹介した、関西人にとっての「ちゅーしよ」の件を解説してくれたふみぐら社さんの話をします。ふみぐら社さんは信州在住で、本名を弓手一平さんといいます。フリーランスで編集ライターをされていて、手がけた本は一〇〇冊以上にもなるという出版業界のベテラン中のベテランの方です。

本職ではビジネス書を中心とした堅い本を作っているのですが、ｎｏｔｅという投稿サイトではユーモアが詰まったシンプルなエッセイや、時折幻想的な超短編小説を書かれたりして、お互いフォローして読み合う仲でした。

そのｎｏｔｅの有志たちが集まる、ｎｏｔｅ酒場というイベントがありまして、僕はそこでワインバー担当として参加したのですが、そこで改めてふみぐら社さんと会って少しお話をしました。その時、同じくフォローし合ってるＹｕｋｉさんという伊勢在住の女性もいて、ほんの数分だったのですが、すごく気が合って盛り上がったんですね。僕、誰かを飲みに誘うなんてこと、めったになくて、確かそのときが人生で四回目だったのですが、「今度またこの三人で飲みませんか?」って誘ってしまったんです。

二人はそれぞれ信州と伊勢在住なのに、無理に時間を作ってくれて、また別の日に東京で三人で落ち合って、羊がメインの中国東北料理店でかなりたくさんのワインを空にしてしまいました。

その夜はめったにしない、「文章を書くこと」とか、「創作について」なんていう青臭いテーマで語り合って、「じゃあ賭けをしましょう。来年中にそれぞれが自分だけの作品を本にしましょう。その本を出せなかった人が、二〇万円払うというのでどうでしょうか」という無茶な提案を僕がしまして、「よし、じゃあ頑張ろう!」と手を握り合って別れました。

その後、三人ともそんな本は出すことができず、また次の年、東京で落ち合って三人で飲むことになりました。お店のチョイスは僕ということになったので、奥渋谷で、今流行っているバーホッピングをすることにしました。バーホッピングってご存じでしょうか。一つのバーに入って一杯だけ飲んでお会計をして、次のバーに移ってまた一杯だけ飲んでお会計をするというのを繰り返す夜遊びなんです。

それで奥渋谷のハードサイダー専門店、煙モクモクの焼き豚店、ナチュラルワインとヴィーガン料理専門店、ミクソロジーカクテル専門のバー、クラフトビール専門店を回って、最後にbar bossaに辿り着き、夜遅くまで話し、『東京嫌い』という同人誌を三人でやろうという話になりました。

まずはｎｏｔｅを使って発表して、その後はちゃんと紙にして、文学フリマにも出店しよう、毎年書き手が変わっていくことにしよう、いずれはすごく大きな同人誌にしよう、なんて話もしました。

僕、こんな風に文章や創作のことをゆっくりと話せる友達がいなかったから、楽しいなあ、これは一生の友達ができたなあなんて思ってたんです。

結局この同人誌、ｎｏｔｅで発表するところまでは実現できたのですが、その後コロナウイルスの感染が始まり、文学フリマは不可能だからどうしましょうかねえ、なんてＺｏｏｍミーティングを重ねていたら、ふみぐら社さんに、ステージ4の胃癌が見つかり、その後、闘病を続けたのですが、先日、亡くなってしまいました。

最近、「幸せとは何か」という研究がたくさん発表されたり、国の幸せ度ランキングが発表されたりしていますが、僕も「幸せってなんなんだろう」ってたまに考えるんですね。

僕、ふみぐら社さんに出会えて良かったなあって思うんです。ほんの短い間だったけど、いろんな話ができて、良かったなあって。そういう「誰かに出会えること」が幸せなのではって最近では感じるんですね。

だってすごく不思議ですよね。こんなに世界は広くてたくさんの人が住んでいるのに、どういうわけか、インターネットで偶然知り合って、「また飲みましょう」ってなって、親しく話し合えて、僕の人生の思い出にしっかりと残ったふみぐら社さん。やっぱり出会いって「奇跡」です。

幸せって、そんな誰かに出会えることなのではないかと今は確信しているんですね。別にそれは人だけではないと思うんです。自分好みの、本や音楽や映画やお店なんかに出会えるのも、幸せですよね。そんな偶然ってめったにないです。

素晴らしい誰か、素晴らしい何かに出会うのって、すごく幸せで、そんな幸せが一つ二つ三つと心の中に降り積もっていくのが、人生の喜びだと思います。

あなたはこれまでの人生でどんな人、どんなものに出会いましたか？　その出会いはあなたを幸せにしましたか？
僕のこの本が、あなたの人生をほんの少し、楽しい時間にしていたら嬉しいです。

林伸次

参考文献一覧

『ファクトフルネス』ハンス・ロスリング、オーラ・ロスリング、アンナ・ロスリング・ロンランド／著　上杉周作、関美和／訳（日経BP）
『ブスの自信の持ち方』山崎ナオコーラ（誠文堂新光社）
『可愛い戦争から離脱します』整形アイドル轟ちゃん（幻冬舎）
『「美人は性格が悪い」って本当⁉︎ブスが美人に憧れて人生が変わった話。』フジコ（大和出版）
『ブスのマーケティング戦略』田村麻美（文響社）
『「そろそろ、お酒やめようかな」と思ったときに読む本』垣渕洋一（青春出版社）
『しらふで生きる　大酒飲みの決断』町田康（幻冬舎）
『読者ハ読ムナ（笑）』藤田和日郎、飯田一史（小学館）
『オクテ男子のための恋愛ゼミナール』アルテイシア（永岡書店）
『本気で結婚したい人のお見合い活動マニュアル』山田由美子（飛鳥新社）
『7日間で運命の人に出会う！頭脳派女子の婚活力』佐藤律子（青春出版社）

初出一覧

本書は、WEBサイト「cakes」の連載「ワイングラスのむこう側」に書き下ろし分を加え、加筆・修正し、まとめたものです。

第一章　初対面の人との会話を盛り上げる方法（二〇二一年一二月三日）
「女性の会話は共感してほしいだけ」の真実（二〇二〇年一〇月一〇日）
世の中に浸透してほしい会話のルール（二〇二〇年一〇月二四日）
SNSで悪口を言われたら（二〇二一年五月六日）
「エビデンスは？」と聞く人（二〇二二年一月二二日）
飲食店で不快な思いをしたとき、どうすればいいのか？（二〇二二年三月四日）
頑固な夫が許せない（二〇二二年二月一八日）
全ての人が「さん付け」「敬語」で話す世界（二〇二一年一一月一二日）
言葉の「呪い」をかけてはいけない（二〇二二年四月一〇日）
「君には期待しているよ」という搾取（二〇二一年一〇月八日）
面倒くさい人だと思われたくない（二〇二一年三月六日）
うんざりするようなアドバイス（二〇二一年七月三〇日）
仕事ができるのはこんな人（二〇二一年五月一九日）

第二章　世の中みんな「自己正当化」（二〇二二年二月一一日）
僕が誰かの悪口を言わない理由（二〇二一年七月二二日）
二四年間バーカウンターに立ち続けて実感できた喜びとは？（二〇二二年七月一五日）

日々「うわああ」ってつらくなる人が気をつけるべきこと（二〇二一年六月三日）
他人に嫉妬しない方法（二〇二一年七月二三日）
嫉妬は本当にエネルギーになるのか？（二〇二一年一〇月二二日）
あいつも偉くなったなあ（二〇二一年三月一九日）
わからないことをすぐに検索しない（二〇二一年九月二三日）
人の心もグラデーション（二〇二〇年一一月一四日）
止まらない承認欲求への対処法（二〇二〇年一〇月一七日）
「自分の感情を殺すか、相手の考えを殺すか」の日本人（二〇二〇年八月二九日）

第三章

燃え上がるような恋がいいとは限らない（二〇二一年一〇月一五日）
相手との関係を一歩進める方法（二〇二〇年一二月一三日）
女性からのアプローチ（二〇二一年五月二九日）
恋愛観も分けられない性（二〇二〇年八月一五日）
五〇歳恋愛経験なしの男性とうまく付き合えるか（二〇二〇年一一月一日）
恋愛が苦手な人の参考書（二〇二〇年一一月七日）
「くちゃらー」「肘をついて食べる人」との結婚を考えていいのか？（二〇二一年八月二七日）
あなたにはいつ「モテ期」が来ましたか？（二〇二一年八月二〇日）
おじさんになってむしろモテる（二〇二一年二月一三日）
パートナー以外の異性と二人きりで外出することをどう思うか問題（二〇二一年五月二二日）
会いたい人がいたら、それが恋かもしれない（二〇二〇年一二月一九日）

※書籍収録時にタイトルを一部改題しました。

林 伸次　Shinji Hayashi

1969年生まれ。徳島県出身。
渋谷のワインバー「bar bossa（バールボッサ）」店主。
レコファン（中古レコード店）で2年、
バッカーナ＆サバス東京（ブラジリアン・レストラン）で2年、
フェアグランド（ショット・バー）で2年勤務を経た後、
1997年渋谷に「bar bossa」をオープンする。
2001年ネット上でBOSSA RECORDSをオープン。
選曲CD、CDライナー執筆多数。
著書に『大人の条件　さまよえるオトナたちへ』（産業編集センター）、
『恋はいつもなにげなく始まってなにげなく終わる。』（幻冬舎）、
『バーのマスターはなぜネクタイをしているのか？』（DU BOOKS）等がある。

結局、人の悩みは人間関係

2023年1月25日　第1刷発行

著者＿＿＿＿林 伸次
装丁＿＿＿＿新井大輔
装画＿＿＿＿市村 譲
DTP・校正＿＿トラストビジネス株式会社
編集＿＿＿＿前田康匡（産業編集センター）
発行＿＿＿＿株式会社産業編集センター
〒112-0011　東京都文京区千石4丁目39番17号
TEL 03-5395-6133　FAX 03-5395-5320

印刷・製本＿＿萩原印刷株式会社

ISBN 978-4-86311-351-0　C0095